Deus, um homem, uma mulher e uma serpente

Uma leitura "literal" dos primeiros capítulos do Gênesis

COLEÇÃO JUDAÍSMO E CRISTIANISMO

I. O Ciclo de Leituras da Torah na Sinagoga
Pe. Fernando Gross

II. Jesus fala com Israel: uma leitura judaica de parábolas de Jesus
Rabino Philippe Haddad

III. Convidados ao banquete nupcial: uma leitura de parábolas nos Evangelhos e na tradição judaica
Pe. Dr. Donizete Luiz Ribeiro, nds

IV. Jubileu de ouro do Diálogo Católico-Judaico: primeiros frutos e novos desafios, 2ª EDIÇÃO
Organizadores: Donizete Luiz Ribeiro, nds; Marivan Soares Ramos

V. Pai Nosso – Avinu Shebashamayim: uma leitura judaica da oração de Jesus
Rabino Philippe Haddad

VI. As relações entre judeus e cristãos a partir do Evangelho de São João.
Pe. Manoel Miranda, nds

VII. Introdução à leitura judaica da Escritura
Irmã Anne Avril, nds e ir. Pierre Lenhardt, nds

VIII. A Unidade da Trindade: A escuta da tradição de Israel na Igreja.
Ir. Pierre Lenhardt, nds

IX. Por trás das Escrituras. Uma introdução a exegese judaica e cristã
Prof. Marivan Soares Ramos

X. Judaísmo simplesmente
Irmã Dominique de La Maisonneuve, nds

XI. As Sagradas Escrituras explicadas através da genialidade de Rashi
Ir. Elio Passeto, nds

XII. À Escuta de Israel, na Igreja. Tomo I
Ir. Pierre Lenhardt, nds

XIII. A Trilogia Social: estrangeiro, órfão e viúva no Deuteronômio e sua recepção na Mishná
Pe. Antônio Carlos Frizzo

XIV. À Escuta de Israel, na Igreja. Tomo II
Ir. Pierre Lenhardt, nds

XV. Uma vida cristã à escuta de Israel
Ir. Pierre Lenhardt, nds

XVI. O ciclo das festas bíblicas na Escritura e na Tradição judaico-cristãs.
Pe. Manoel Miranda, nds e Marivan Ramos

XVII. Fraternidade ou a Revolução do Perdão
Rabino Philippe Haddad

XVIII. Escritura e Tradição: Ensaios sobre o Midrash
Renée Bloch

XIX. Jesus, o Mestre entre os sábios
Marivan Soares Ramos e Márcio M. Matos

XX. Como Jesus lia a Torá: sair do mal-entendido entre Jesus e os fariseus
Rabino Philippe Haddad

XXI. Deus, um homem, uma mulher e uma serpente
Rabino Philippe Haddad

XXII. A justiça de Tamar. Estudo exegético de Gênesis 38.
Francisca Cirlena Cunha Oliveira Suzuki (prelo)

Philippe Haddad

Deus, um homem, uma mulher e uma serpente

Uma leitura "literal" dos primeiros capítulos do Gênesis

1ª edição
São Paulo – 2024

Edições Fons Sapientiae
um selo da Distribuidora Loyola

Direitos:	© Copyright 2024 – 1ª edição, 2024 – CCDEJ/FASI - Religiosos de N.S. de Sion
Título original:	*Philippe Haddad, Dieu, un homme, une femme et un serpent. Pchouto kémachmaô : « la littéralité comme elle s´entend ». Une lecture « littérale » des premiers chapitres de la Genèse.* Canéjan, Copymédia, 2022.
ISBN:	978-65-86085-33-4
Fundador:	Jair Canizela (1941-2016)
Diretor Geral:	Vitor Tavares
Conselho Editorial e Consultivo:	Dr. Donizete Luiz Ribeiro Dr. Jarbas Vargas Nascimento, PUCSP Dr. Ruben Sternschein, CIP Dr. Fernando Gross Me. Elio Passeto Me. Manoel Ferreira de Miranda Neto Me. Marivan Soares Ramos
Tradução:	José Benedito de Campos
Prefácio:	Marivan Soares Ramos
Revisão:	Equipe do CCDEJ/FASI-SP
Capa e diagramação:	Telma Custodio
Imagem da capa:	*A repreensão de Adão e Eva, 1740.* (The Rebuke of Adam and Eve, 1740.) Charles Joseph Natoire.

```
Dados Internacionais de Catalogação na Publicação (CIP)(Câmara
        Brasileira do Livro, SP, Brasil)

    Haddad, Philippe
        Deus, um homem, uma mulher e uma serpente : uma leitura
    "literal" dos primeiros capítulos do Gênesis / Philippe
    Haddad ; [tradução José Benedito de Campos]. -- 1. ed. -- São
    Paulo : Edições Fons Sapientiae, 2024. -- (Coleção judaísmo
    e cristianismo)

        Título original: Dieu, un homme, une femme et un serpent :
    la littéralité comme elle s'entend : une lecture : littérale :
    des premiers chapitres de la Genèse
        ISBN 978-65-86085-33-4

        1. Bíblia. A.T. Gênesis - Comentários 2. Bíblia. A.T.
    Gênesis - Crítica e interpretação I. Título. II. Série.

    23-187652                                        CDD-222.1106

                    Índices para catálogo sistemático:

        1. Gênesis : Interpretação e crítica 222.1106

            Cibele Maria Dias - Bibliotecária - CRB-8/9427
```

Acesse a loja virtual para adquirir os livros:
https://loja.sion.org.br | www.livrarialoyola.com.br

Edições Fons Sapientiae
é um selo da Distribuidora Loyola de Livros
Rua Lopes Coutinho, 74 – Belenzinho 03054-010 São Paulo – SP
T 55 11 3322 0100 | editorial@FonsSapientiae.com.br
www.FonsSapientiae.com.br

Todos os direitos reservados. Nenhuma parte desta obra pode ser reproduzida ou transmitida por qualquer forma ou quaisquer meios (eletrônico ou mecânico, incluindo fotocópias e gravação) ou arquivada em qualquer sistema ou banco de dados sem permissão escrita

Coleção
"Judaísmo e Cristianismo"

O Centro Cristão de Estudos Judaicos – CCDEJ (http://ccdej.org.br), dirigido pelos Religiosos de Nossa Senhora de Sion e mantido pelo Instituto Theodoro Ratisbonne, com a colaboração de associados cristãos e judeus, no espírito suscitado pela Declaração da Igreja Católica *Nostra Aetate* e suas ulteriores aplicações e desenvolvimentos, apresenta a coleção intitulada "Judaísmo e Cristianismo".

O objetivo desta coleção, ao publicar textos originais e traduções, é cultivar o conhecimento mútuo entre judeus e cristãos. Queremos, com isso, valorizar o enraizamento judaico das Sagradas Escrituras e o diálogo entre judeus e cristãos a partir do "patrimônio espiritual comum". Que esta coleção possa produzir cada vez mais frutos. Nisto consiste a vocação e o carisma de Sion na Igreja à serviço do Povo de Deus.

Através desta Coleção "Judaísmo e Cristianismo", o CCDEJ, junto com a Distribuidora Loyola/Edições *Fons Sapientiae*, apresentará pouco a pouco o pensamento e ação de alguns autores que contribuem para a difusão da Tradição de Israel e da Igreja.

São João Paulo II confirmou o ensinamento dos Bispos da Alemanha quando afirmou "quem se encontra com Jesus Cristo encontra-se com o Judaísmo"; e o mestre judeu Chalom Ben Horin dizia "a fé de Jesus nos une e a fé em Jesus nos separa".

Que esta coleção "Judaísmo e Cristianismo", graças, sobretudo ao "*e*", possa de fato significar e transmitir o "patrimônio comum", pela mútua estima, escuta da Palavra viva e diálogo fraterno.

Pe. Dr. Donizete Luiz Ribeiro, NDS
(Diretor Acadêmico do CCDEJ)

Sr. Jair Canizela *(in Memoriam)*
(Diretor Geral da Distribuidora Loyola)

Pshuto kemashmaʿô
"a literalidade como ela se escuta."

Abreviaturas

Gn :   Gênesis
Ex :   Êxodo
Lv :   Levítico
Nm :   Números
Dt :   Deuteronômio
Is :   Isaías
Jr :   Jeremias
Ez :   Ezequiel
Sl :   Salmos
TB :   Talmud de Babilônia
TJ: Talmud de Jerusalém
TM: Texto Massorético (a Bíblia hebraica)
LXX: Septuaginta (tradução grega da Bíblia)
P: consoante inicial de *petu'ha* "(seção ou parashá) aberta".
S :   Consoante de *setumá* "(seção ou parashá) fechada".

Agradecimentos sinceros pela revisão amigável de Ariane, Roseline e Jean-Louis.

"Rav Kahana disse: Até agora eu não sabia que um verso não vai além do seu significado literal" (TB *Shabbat* 63 a)

"O meu avô (Rashi) confidenciou-me que se pudesse, teria retomado o seu comentário sobre a Torá, de acordo com o significado literal que se renova todos os dias."

Rabino Shmuel ben Meir (conhecido como Rashbam) disse: "O Midrash, nos seus maiores desvios, não deve sacrificar as leis da língua ou da razão a um alojamento impossível, tomando como prova o que é apenas uma dica e como interpretação séria meros jogos da mente."

Lazarus Wogue, Rabino Chefe: "Ela era uma cantora, aventureira e marinheira que lia a vida literalmente." Samuel Beckett

Sumário

ABREVIATURAS 9

PREFÁCIO A EDIÇÃO BRASILEIRA 15

POR QUE ESTE LIVRO 21

PSHAT E DRASH 25
    A vida religiosa na época do 2º Templo 25
    A Conquista Grega 25
    Correntes diferentes 26
    Os Fariseus 26
    O renascimento da Idade Média 27
    O pshat 29
    Judaísmo e Cristianismo 31

CAPÍTULO 1
BERESHIT / GÊNESIS - TRADUÇÃO COMENTADA 33
    Conclusões do Capítulo I 53
    O Movimento de diferenciação 55

CAPÍTULO II
BERESHIT / GÊNESIS - TRADUÇÃO COMENTADA 59
    Conclusão do Capítulo II 75
    Comer e conhecer 77
    Coerência entre o capítulo 1 e o capítulo 2 78

CAPÍTULO III
BERESHIT / GÊNESIS - TRADUÇÃO COMENTADA 81
    Conclusões do Capítulo III 97

CONCLUSÃO
UMA HISTÓRIA PARA OS HUMANOS 99
    O que o texto não diz 99
    Do bebê ao noivo 100
    E Deus criou a mulher 101
    A árvore do conhecimento 102
    Uma serpente e uma mulher 103

    Um Deus que questiona..105
    O teste do crescimento..107
    Bom dia, tristeza!.. 108
    As condições da nossa leitura... 109
    O homem como Deus 110
    Envio e reenvio..110
    Principais obras do autor:...111

BIBLIOGRAFIA..113
    Principais obras do autor 113

PUBLICAÇÃO...115

Prefácio a edição brasileira

O autor desse livro é judeu, líder de uma comunidade religiosa judaica. Exerce seu ministério na França e destaca-se por seu envolvimento no diálogo inter-religioso na região parisiense na Diocese de Essonne. Rabino Philippe Haddad é conhecido pelos leitores e leitoras da Coleção Judaísmo e Cristianismo, projeto idealizado pelo Centro Cristão de Estudos Judaicos em parceria com a *Fons Sapientiae* no ano de 2015 e conta, até o presente momento, com 21 publicações. O rabino Haddad tem algumas obras traduzidas, originais na língua francesa, e publicadas pela Coleção. São elas:

1. *Jesus fala com Israel*: Uma leitura judaica das parábolas de Jesus, nº 03.
2. אבינו – *Pai Nosso*: Uma leitura judaica da oração de Jesus, nº 05.
3. *Fraternidade ou a revolução do perdão*, nº 17.
4. *Como Jesus lia a Torá: sair do mal entendido entre Jesus e os Fariseus*, nº 20.
5. *Deus, um homem, uma mulher e uma serpente*, nº 21.

Essa obra, portanto, será sua quinta publicação na Coleção Judaísmo e Cristianismo, evidenciando a contribuição, do autor, no diálogo católico-judaico. O número *cinco* assume uma importante função na tradição judaica. O número *cinco*, no alfabeto hebraico, é representado pela letra ה (*hei*). São *cinco* os dedos da mão. Neste sentido, favorece-se o processo de memorização de um texto ou ensinamento, quando relacionados com o número cinco. As Escrituras apresentam diversos blocos literários com subdivisões de *cinco*. São *cinco* os livros da *Torá*/Pentateuco (*Bereshit*/Gênesis; *Shemot*/Êxodo; *Vayicra*/Levítico; *Bᵉmidbar*/Números; *Dᵉvarim*/Deuteronômio). Encontram-se *cinco* mandamentos em cada uma das tábuas. Os Salmos dividem-se em *cinco* blocos com curtas doxologias (41,14; 72,18-19; 89,53; 106,48). O evangelista Mateus narra à atividade missionária de Jesus em *cinco* partes (3–7; 8–10; 11–13,52; 13,53–18,54; 19–25). Por fim, a Cabala ensina que existem *cinco* degraus da alma humana, cujo objetivo é a união com Deus: a vida (*nefesh*), o espírito (*ruah*), a alma (*neshamá*), a alma eterna (*haiá*), e a alma de cima (*iehidá*), aquela que se funde em Deus.

As obras de Haddad se qualificam por sua capacidade relacional. As páginas que tão forma final a essa obra: *Deus, um homem, uma mulher e uma serpente*, "são a síntese de um estudo de um ano com um grupo de amantes da Torá (judeus e não judeus)" (p. 21). Neste sentido, seus estudos são capazes de transitar nas salas da academia e nos salões comunitários, com a tranquilidade de quem conhece muito bem esses caminhos. Isso somente é possível para quem nutre a virtude da escuta e do diálogo. Justamente por sua capacidade de escuta, constrói pontes, ao fazer ecoar textos da Torá nos Evangelhos.

A presente obra de Haddad, em certa medida, nos remete para alguns períodos da história, marcada por conflitos provocados por motivos religiosos. De modo geral, esses conflitos motivados pela religião, surgem de grupos extremistas, por vezes, terroristas. Uma das funções desses grupos é manipular escritos sagrados, a fim de legitimar práticas da intolerância, gerando violência. Pensando nisso, cito o texto da Declaração, "Fraternidade humana":

> As religiões nunca incitam à guerra e não solicitam sentimentos de ódio, hostilidade, extremismo, nem convidam a violência ou ao derramamento de sangue. Estas calamidades são fruto de desvio dos ensinamentos religiosos, do uso político das religiões e também das interpretações de grupos de homens de religião que abusam – em algumas fases da história – da influência do sentimento religioso sobre os corações dos homens para os levar a realização daquilo que não tem nada a ver com a verdadeira religião (FRANCISCO, 2019, p. 10-11).

O texto acima se trata da Declaração: "Fraternidade humana", feita pelo Papa Francisco e do Grão Imã Ahmad Al-Tayyeb, por ocasião da viagem apostólica do Papa Francisco aos Emirados Árabes Unidos em fevereiro de 2019. O texto conclama, a todos, crentes em Deus ou não, viverem a fraternidade. Como caminho possível de superação das injustiças, desigualdades, degradação moral, terrorismo, entre outras práticas que corrompem a paz entre os povos. Diz ainda a Declaração, que as religiões não incitam as guerras, mas grupos humanos instrumentalizando as religiões as legitimam, a fim de tirar algum proveito.

A Declaração: "Fraternidade humana", condena de modo incisivo o terrorismo. Este último tem como finalidade "espalhar pânico, terror e pessimismo" e não se deve associar essa prática abominável "à religião", ainda que ela seja instrumentalizada por certos grupos (p. 12). Grupos terroristas, afirma a Declaração, fundamentam seu comportamento através "de interpretações erradas dos textos religiosos", provocando toda espécie de crime e violações aos direitos humanos e, por tudo isso, "é preciso condenar tal terrorismo em todas as suas formas e manifestações" (p. 12-13).

Neste sentido, parece-nos apropriado citar essa Declaração, escrita por grandes líderes religiosos, como motivação para a obra: "Deus, um homem, uma mulher e uma serpente", do Rabino Philippe Haddad. Dado a proposta do escritor, comentar os três primeiros capítulos do livro do Genesis, que suscitaram, e continuam suscitando, diversas interpretações. Entre elas, com certa frequência, a destruição do projeto perfeito de Deus através da desobediência humana (Santo Agostinho, São Tomás de Aquino, Lutero etc.). De fato, esse tipo de compreensão apresentou uma visão reducionista e negativista da humanidade. Quando os pais da humanidade, Adão e Eva, sucumbiram à tentação da serpente no jardim do Éden. Desse tipo de compreensão surge a ideia, dos fiéis e infiéis ao projeto da Criação original de Deus. Portanto, para quem lê o texto dessa forma, busca-se uma volta ao projeto original de Deus. Mesmo que para isso tenham que suprimir, ou relativizar relacionamentos com aqueles que dele se afastaram. Com isso, assumem-se tendências ao julgamento e de intolerância, além de justificar comportamentos excludentes. Para esses, a natureza humana decaída contribui para a desvalorização do mundo e corrompe as relações fraternas com o diferente.

Em seu livro *Deus, um homem, uma mulher e uma serpente*, rabino Haddad nos apresenta comentários a partir de uma leitura "o mais literal possível (*pshat*)" (p. 23). Com o objetivo de apresentar à narrativa fundante da criação, para judeus e cristãos, como um movimento pedagógico de Deus, "quer certamente o equilíbrio psicológico do sujeito livre, mas toda autoconsciência é idealmente combinada com a garantia de partilhar um universo comum com outros" (p. 99). O crescimento relacional entre Deus e a humanidade se dá no processo do conhecimento mútuo que gera a fraternidade. Possibilitando a convivência pacífica e harmônica das relações pessoais e comunitárias. Atribuindo valores e virtudes que geram comunhão e participação, como atividade essencial ao bem comum.

A obra de Haddad busca, a partir dos textos iniciais do livro de Gênesis, um modelo de vida marcada pelo ensinamento de relações responsáveis e fraternas, entre a criação e o criador. Com isso, deseja, segundo o projeto de Deus para a Criação, romper com toda forma de intolerância e violência. Neste sentido, a Campanha da Fraternidade 2024 apresenta o tema: "Fraternidade e Amizade Social", e com o lema: "Vós sois todos irmãos e irmãs". Urge construirmos relações marcadas pela fraternidade. É notável nos ensinamentos no pontificado de Francisco, apelos sobre justiça e paz. Devemos ser construtores da paz! A paz é um tema precioso para as religiões, que devem se comprometer com o grande desafio de assegurar a vida, em suas relações fraternas, em todas as suas fases e formas. Ou como afirma o autor, em outra obra: "Não é possível haver uma religião sem fraternidade" (HADDAD, Fraternidade ou a Revolução do Perdão, p. 127).

Por tudo o que já foi dito, a obra de Haddad torna-se uma leitura, eu diria, quase que obrigatória para os apaixonados pelas narrativas bíblicas. Que se sentirão envolvidos e representados pelas intrigantes histórias dramáticas e, no mínimo, curiosas.

Queremos aqui unir nossa voz com inúmeras outras vozes que suspiram por uma cultura do perdão e da paz. Acreditamos que as religiões cumprem um papel decisivo na história, pois devem ser promotoras da justiça e da paz.

Animados pela fé, somos convidados, juntos com outros seres de boa vontade, a vivermos de modo fraterno e solidário. Jesus em seus ensinamentos utilizou-se de imagens, como o sal e a luz (Mt 5,13-16), para nos mostrar que podemos fazer diferença onde vivemos. Pessoas do bem precisam assumir o protagonismo da história. Como seres responsáveis e relacionais que somos se faz necessário recuperar a expressão da imagem e semelhança de Deus (Gn 1,26-27).

Gostaria de lembrar, para encerrar, a fala de outro importante líder e ativista religioso do século XX, Martin Luther King. Assassinato em 1968, de forma covarde, por defender a dignidade humana, acima de crenças, cor ou raça. Em um de seus discursos disse: "O que me preocupa não é o grito dos maus. É o silêncio dos bons". Para Martin, segundo seus valores morais, pessoas de boa vontade jamais deveriam se curvar diante da maldade.

Professor Marivan Soares Ramos
São Paulo, novembro de 2023.

Memória: Noite dos cristais e
Onomástico de Theodoro Ratisbonne

Por que este livro

Este livro propõe uma releitura dos três primeiros capítulos do Gênesis. Esta será a nossa abordagem muito pessoal, sem qualquer pretensão de impor como a única leitura. Estas páginas são a síntese de um estudo de um ano com um grupo de amantes da Torá (judeus e não judeus). Uma vez por semana, lemos, traduzimos, estudamos, questionamos e meditamos sobre essa longa e cativante história, sem jamais saber se tínhamos adentrado na intenção final do narrador.

Essa história do Princípio (Gênesis) é, antes de mais nada, o mito fundador das tradições judaicas e cristãs. Entre os Orientais, os Gregos, os Maias ou os Oceanos, os mitos sempre expressaram as mesmas grandes questões universais: De onde vem o mundo? Por que trabalhar? Por que o sofrer? Por que a morte? E depois? ...

Abaixo do céu, o Homem sempre precisou de respostas para viver a sua humanidade; caso contrário, sucumbiria às satisfações do seu ego. Hoje, a modernidade não substitui a questão do sentido pela resposta do consumo?

Estes três capítulos têm sido fonte de muito conhecimento, para exegetas do passado e do presente. A filosofia e a sociologia abordaram o tema, tal como a literatura, a pintura e o cinema. Deus, Adão e Eva, o Jardim do Éden, a serpente, não forjaram eles a consciência ocidental (e o seu inconsciente)?

Para podermos trabalhar bem, começamos, naturalmente, a partir do hebraico. Estou fascinado pela língua hebraica que se expressa na Torá, nos Profetas e nos Salmos. A fé dos hebreus inspira-se na origem dessa consciência religiosa. A investigação sobre os hebreus continua nas universidades israelitas e noutros locais. O seu património? Os 929 capítulos da *Tanakh*[1], que traduzem um pensamento profundo da existência, da relação com Deus, com o Homem, consigo próprio.

Será objetado que a *Tanakh* se baseou noutras culturas, outras histórias fundadoras, outras legislações que alguns livros datam do período helenístico? Que seja! Recuso-me a ser fundamentalista, a reivindicar uma origem absoluta. A Torá não desceu do Céu. Mas acredito que a genialidade se expressa igualmente na capacidade de reescrever a anterioridade.

Com as suas 22 consoantes, sem vogal, com a sua arte de permutar letras, com a sua polifonia de significados, o hebraico bíblico abre-se a múltiplas leituras, que não podem ser reduzidas a um dogmatismo ou a uma verdade exclusiva. Tal como os hebreus que foram constantemente libertados da canga egípcia, o significado quer ser constantemente libertado do pergaminho que o transporta. A "OR" (אור) - luz - quer emergir da "ʿÔR» (עור), a "pele" textual.

Este trabalho foi muito importante para nós. O nosso objetivo era retomar os 80 versículos do Princípio (Gênesis) no seu sentido óbvio; *pshuto kémashmaʿô*, "a sua literalidade tal como é escutada", de acordo com a expressão rabínica.

Tanto judeus como cristãos tendem a (re) ler essa narrativa através do filtro de 2.000 anos de Teologia, Filosofia e Midrash, de modo que o significado original nos escapa. Muitas vezes, acreditamos, frequente e sinceramente, que a compreendemos na sua obviedade, ao mesmo tempo que projetamos sobre ela tradições herdadas.

Acrescentemos que a lemos numa tradução. Nunca é demais dizê-lo: mesmo a melhor tradução continuará a ser aproximada, um comentário de segundo grau. O primeiro comentário sobre o texto hebraico é o próprio hebraico.

Que tal aprender hebraico!

Algumas pessoas perguntam por que é que ainda lemos a Bíblia? Podemos ler a Bíblia para a nossa cultura pessoal; podemos lê-la para alegria intelectual; podemos lê-la para sair da nossa ignorância e dúvi-

---

[1] Sigla designando a Bíblia hebraica: T= Torá de Moisés; N= Neviim (Profetas) e Kh= Ketuvim (Escritos) = *TaNaKH*.

das. Podemos também, num ato de fé (*emunah*), entrar humildemente na academia de estudo de Deus e estudar aos Seus pés, como fez Moisés quando estava no cimo do Sinai, de acordo com o Midrash.

A tradição judaica adora a discussão, o debate, o questionamento, mesmo com Deus. Elie Wiesel diz-nos que quando ele regressou do *shtetl*, a sua mãe não lhe perguntou o que ele tinha aprendido, mas se ele soube questionar bem.

Segundo o Talmud, o Santo, bendito seja Ele, ri-se dos nossos debates, dizendo: "Os meus filhos me venceram, os meus filhos me venceram!". Não queremos derrotar Deus, mas mostrar que a Sua palavra permanece rica em significado. Pois quem pode dizer: "Eu compreendi toda a verdade divina"?

Estou falando de Deus, gostaria de dizer que também escrevi para Ele, para lhe devolver a Sua misericórdia, a Sua benevolência, o Seu ensinamento. Porque estamos demasiado habituados pelas nossas tradições a ver nessa história um Deus briguento e violento ("o Deus cruel dos judeus"), tentei mostrar através da exegese que pode ser de outra forma. Espero ter conseguido o melhor que pude, pela glória Dele.

Propomo-nos, portanto, retomar esses 3 capítulos, com a nossa tradução, versículo a versículo, seguida de um breve comentário o mais literal possível (*pshat*), seguido de uma conclusão, antes do final. Por vezes, citaremos um meio termo que converge para o significado óbvio, ou que oferece uma nova forma.

Um esclarecimento: este trabalho pode enfraquecer as nossas convicções. Tenho ouvido muitas vezes: "Ah, o texto diz isto, e não diz isso? Mas eu pensava que...".

E se o texto disser mais alguma coisa? E se não se fechou numa única leitura, mas explodiu como fogo de artifício? E se isso nos desse mais esperança de viver a nossa humanidade?

Finalmente, a quem é dirigido este livro? Aos amantes da Bíblia que a encontraram e se tornaram viciados nela? Aqui e ali, homens e mulheres, judeus, cristãos, de todas as idades, que são fascinados por esse estudo, que são alimentados por ele. Esse estudo, esse *limud* a partir do hebraico, tornou-se a escada de Jacó para o céu e para descer de lá enriquecido. Talvez esta leitura estimule a criação de grupos bíblicos...

Um livro transporta palavras que transportam ideias, pássaros que voam para longe. Se ao ler este livro encontrar outras leituras, outros caminhos, ficaríamos felizes, e ainda mais felizes se os quiser partilhar.

Portanto, boa leitura e que o Senhor nos abençoe em Sua luz de Paz.

Philippe Haddad
Agosto de 2022. Elul 5782.

Pshat e drash

A vida religiosa na época do 2º Templo

Entre o século V a.C. e a destruição do Templo em Jerusalém em 70 d.C., o povo judeu experimentou diferentes correntes políticas e religiosas, domínios que naquela época não estavam separados. Torá, Profetas, Salmos, livros de sabedoria que formavam uma herança comum. As origens da humanidade, mas especialmente as de Israel, lá eram lidas. Aprendeu-se sobre os grandes feitos do Senhor e os erros do povo, as fidelidades e infidelidades dos antepassados.

Com o passar das gerações, sob o impulso de Esdras e dos últimos profetas, Ageu, Zacarias e Malaquias, foi dada cada vez mais importância à vida da sinagoga (estudo, oração), à tradução oral dos textos hebraicos em aramaico (a língua vernácula), e as interpretações começaram a surgir aqui e ali. Claro que o Templo manteve o seu papel central, especialmente para as festas de peregrinação e para o dia de *Kippur*, todavia a vida judaica era construída a partir da periferia.

A Conquista Grega

No século III a.C., a Judeia experimentou uma grande convulsão: a chegada das tropas de Alexandre, o Grande (talvez o próprio Alexandre). Isso levou à helenização da consciência, especialmente da elite intelectual de Jerusalém, que aderiu lentamente ao estilo de vida grego. Adotaram a língua, costumes e hábitos, mesmo que isso significasse negligenciar ou mesmo abandonar ritos fundamentais como a aliança da circuncisão, a observância do Shabbat ou os códigos alimentares.

Em reação, as pessoas reforçaram a sua fé e a sua prática religiosa (um fenômeno permanente quando as identidades se sentem ameaçadas). Quando Antíoco IV quis impor pela força o culto de Zeus no Templo (cerca de 165 a.C.), o seu gesto desencadeou a revolta dos Hasmoneos, uma família de sacerdotes em torno do patriarca Matatias e do seu filho Yehudah (Judas) chamado Macabeu (o Martelo)[1]. As pessoas os seguiram; o livro dos Macabeus os chamou de *hassidim* (os piedosos). Infelizmente a vitória (que ofereceu a independência nacional de Judá, esperada desde a destruição do Templo de Salomão em 586 a.C.) intoxicou os vitoriosos. Os sucessores de Judas Macabeu proclamaram uma realeza de sacerdotes, não no sentido da Torá (Ex 19,6)[2], mas por uma acumulação de poderes, que a própria Torá proíbe (Dt 17).

Correntes diferentes

Alguns sacerdotes que se opunham a essa corrupção dos descendentes de Aarão formaram o movimento dos Essênios (comunidade de Qumran), outros tornaram-se os saduceus (com o nome de Sadoc, um sacerdote da era davídica). Muitos *hassidim* desenvolveram uma interpretação sofisticada da Torá, tanto ritualística como especulativa, e tornaram-se os fariseus. De acordo com Flávio Josefo, esses diferentes movimentos não se davam doutrinariamente bem e estavam, por vezes, em conflito agudo[3]. Após a destruição do Templo, duas correntes judaicas sobreviveram: a corrente farisaica e a corrente judaico-cristã. Com a morte de Constantino (337 d.C.), as duas correntes podiam realmente ser distinguidas.

Os Fariseus

O movimento farisaico considerou que o serviço de Deus era expresso por meio do estudo da Torá e da prática dos mandamentos (*mitzvot*).

---

[1] Tal como Carlos *Martelo*.
[2] O versículo fala de uma vocação popular para testemunhar o Deus Único no meio de nações politeístas. Mas dentro desse povo, os poderes político, religioso e legislativo devem ser separados.
[3] Ver o início do nosso livro "Como Jesus lia a Torá".

Continuaram as inovações de Esdras e da sua Grande Assembleia, e fundaram o Judaísmo rabínico. Os rabinos desenvolveram um método original de interpretação conhecido como *drash* ou *midrash* "pesquisa". Este é um conjunto de princípios hermenêuticos aplicados a toda *Tanakh* (Bíblia hebraica) para deduzir a conduta ritual (midrash halakhá) ou pensamentos religiosos (midrash aggadá).

Entre a destruição do 2º Templo e o século VII d.C., após a canonização dos 24 livros da *Tanakh*, os rabinos puseram progressivamente, por escrito, o que tem sido chamado de a Torá oral, o corpo de tradições interpretativas registadas no Talmude da Babilônia e de Jerusalém.

O neófito será surpreendido num ponto: a ausência, nessa abundante literatura, de uma exegese sistemática da *Tanakh*. Enquanto os Padres da Igreja examinavam cada versículo bíblico para uma alusão a Cristo, os Padres da Sinagoga compilaram a tradição oral.

O renascimento da Idade Média

Só na Idade Média e na agora lendária figura de Rashi de Troyes, em Champagne (1040-1105), é que nos deparamos com mestres que investiram totalmente no comentário de cada versículo.

Entre o século XI e o Renascimento, os rabinos, principalmente da França, Espanha e Itália, questionaram o texto e ofereceram-lhe novas leituras e novas caras. Mencionemos aqui os mais conhecidos que viveram entre os séculos XI e XVI d.C.: Rashi, é claro, o seu neto Rashbam, R. Yossef Caro, R. Abraham ibn Ezra, Radak, Ramban, R. Obadia Sforno. As edições, com as suas obras, chamam-se *Mikraot Guedolot* "as grandes leituras" que se apresentam da seguinte forma: sob o texto bíblico são colocados, em espaços retangulares de diferentes tamanhos, os comentários; o erudito bíblico pode então passar de um autor para outro para ler a Torá de acordo com a sua compreensão.

A seguir, encontra-se uma página do *Mikraot Guedolot*. O texto da Torá rodeado por alguns exegetas tradicionais:

De onde vêm as suas exegeses? Quer de fontes talmúdicas ou midráshicas (citadas ou implícitas), ou da sua própria compreensão das Escrituras. Por que a partir da Idade Média? É provável que disputas com a Igreja Católica e debates com a Mesquita tenham forçado os rabinos a oferecer a leitura judaica, mas também consideraram que os fiéis deveriam conhecer a *Tanakh*, antes do Talmude ou da Cabala.

É verdade que o Talmude cita extensivamente os versículos que comenta, mas quase nunca no contexto da sua escrita. O versículo assume imediatamente um significado secundário para justificar um rito ou uma homilia[4]. Esta passagem talmúdica testemunha isso:

Está escrito (Sl 45,4): 'Cinge a tua espada na tua coxa, ó poderoso, é a tua glória e o teu esplendor'. Rav Kahana disse a Mar filho de Rav Huna[5]: 'Este verso é escrito com referência à Torá e deve ser interpretado como uma metáfora, ou seja, o estudante da Torá parece um guerreiro que tem que lutar contra sua inclinação ao mal e com o texto para estar de acordo com a vontade de Deus'. Mar respondeu: 'Você não sabe *que um versículo não se afasta de seu significado literal*?' Rav Kahana disse: 'Aos dezoito anos, eu já havia estudado todo o Talmude, e não sabia que um versículo não sai de seu significado literal até hoje'. O que podemos aprender com esse ditado de Rav Kahana? Que se deve primeiro aprender o texto literal perfeitamente, antes de se entregar a especulações.

No sentido literal, o Salmo 45 expressa louvor a um rei de Israel ou Judá no dia de seu casamento. O poeta reconhece sua beleza, força, glória e etc. Quando a realeza cessou em Israel, esse salmo foi associado a Abraão, à assembleia de Israel, ao estudante da Torá (como aqui) ou ao messias. Devemos acreditar que a interpretação de segundo grau era corrente nos tempos talmúdicos, até que Mar ensinou a Rav Kahana: "um versículo não se afasta de seu significado literal".

O *pshat*

Parece-nos que o público judeu e cristão estão mais conscientes da leitura midráshica, pois aqui e ali encontramos semelhanças entre os ensinamentos de Jesus e os dos mestres do Talmude[6]. Quantas vezes, hoje, um rabino, durante a sua homilia na sinagoga ou no quadro da AJCF[7], cita um midrash como se fosse óbvio a partir do versículo!

---

[4] Paulo e os Evangelhos farão o mesmo, o que prova que o método já existia em seu tempo.
[5] Mestres do século III, após a era cristã.
[6] Os nossos livros anteriores tentam mostrar isso.
[7] Amitiés Judéo-chrétiennes de France (Amizades judaico-cristãs da França).

Um exemplo? Em Ex 2,5 lemos: "A filha do Faraó... enviou a sua criada (*amatah*) [para ir buscar o berço de Moisés]". Nesse versículo, Rashi explica: "De acordo com um midrah, a sua mão foi esticada vários côvados (*amot*)". Em alguns círculos pietistas, o midrash está realmente tomado literalmente, como um fato histórico

O *pshat* visa outra leitura. Da raiz *P.SH.T.* significa "despir-se", convidando-nos assim a despir o versículo de todas as suas adições, a fim de apreender apenas o significado primário e natural.

Os mestres da leitura literal, do *pshsat*, recusaram essas extrapolações por princípio. Será que acreditavam nisso? Talvez, mas como uma vantagem. Ibn Ezra cita frequentemente "os nossos mestres interpretaram dessa forma, mas não é o *pshat*".

A regra do *pshat* pode assim ser afirmada: o texto é explicado pelo próprio texto sem referência a uma interpretação externa midráshica, filosófica ou teológica. Os três capítulos do Gênesis são um bom exemplo de leituras excessivas justificadas por concepções religiosas acrescentadas (e aqui judeus e cristãos não seriam tão diferentes): o conhecimento teria sido proibido por Deus, a serpente é o diabo, a mulher é (é claro) culpada, a queda é devida ao pecado. Veremos que a leitura literal porá tudo isso em questão.

Para compreender o *pshat,* não é necessário sair do texto, mas compreendê-lo bem por dentro. Tornar-se contemporâneo com aqueles que escreveram esses textos, e compreendê-los por si próprios. A partir daí, podem surgir questões a partir dessa interioridade.

Antes de mais nada, questões de tradução. Tomemos o capítulo 4 de Gênesis. Quando Eva diz (v. 2): "Eu adquiri um homem *et* (את) o Senhor". Este *et* deve ser traduzido como "com" o Senhor (de acordo com Rashi) ou "para" o Senhor (de acordo com Ramban)? Quando Caim diz a Deus (v. 13) "O meu *âvon* é demasiado grande para suportar", deveria *âvon* ser sinônimo de 'pecado' (Rashi, Ramban), ou de 'castigo' (Radak)?

Surgem também questões de compreensão. No v. 1, está escrito: "E Adão conheceu Eva", sujeito antes do verbo. Ou de acordo com a gramática bíblica deveria ter sido escrito: "E conhecia Adão, Eva", verbo antes do sujeito. Por que essa mudança? No v. 8 diz: "Caim disse a Abel, e quando eles estavam no campo...". O que é que ele lhe disse?

Por vezes a questão toca nos princípios da fé. No v. 9, Deus pergunta a Caim: "Onde está Abel, o teu irmão?" Será que Deus não sabia onde está Abel? Porque o literalista (o *pashtan*) não quer sair do texto, não fará perguntas que poderíamos fazer a nós próprios, tais como: Com quem é que Caim se casou? Qual era a idade de Abel quando morreu? Como é que Deus fala?

Por vezes o *pashtan* oferece tanto um significado literal como um significado midráshico. Assim sobre o versículo (Gn 12,5), "E Abrão foi com as almas que tinha feito em Haran", Rashi explica, "As almas *que ele tinha convertido* (ao monoteísmo), mas o significado literal significa *que ele tinha adquirido*". O texto pelo texto!

Judaísmo e Cristianismo

O tema do *drash* e do *pshat* também afeta o Cristianismo. Muitas vezes os Evangelhos, ao citar um versículo do A.T., tiram-no do seu significado literal e dão-lhe o seu significado cristão. Por exemplo, Os 11,1: "Quando Israel era jovem, eu o amei; *do Egito chamei o Meu filho*". O salmo refere-se à saída do Egito, mas Mt 2,15 menciona apenas a segunda parte para enfatizar "Meu filho". Da mesma forma, Paulo vê na circuncisão do coração a verdadeira aliança entre o homem e Deus, sem passar pela *berit milá* abraâmica.

Para simplificar, podemos dizer que onde o Judaísmo vê o *pshat*, o Cristianismo vê o *drash*. As *mitsvot* devem ser realizadas concretamente para um, simbolicamente para o outro. Por outro lado, onde o Judaísmo vê um simbolismo, o Cristianismo vê a realidade de Cristo. Assim, *o servo sofredor* só pode ser Jesus, enquanto a leitura judaica verá nela a descrição de todos os justos, torturados e mortos, que suportam a loucura dos homens (incluindo Jesus).

CAPÍTULO 1

BERESHIT / GÊNESIS
Tradução Comentada

V.1: Num princípio (de) Ele criou Elohim os céus e a terra.

Início: Concordância com a LXX que traduz o Gênesis. Este livro inaugura as origens da terra, do Homem, dos povos e das línguas, depois do povo hebreu. A cosmogonia de Moisés diz tanto quanto se esconde. Compreendamos na medida do texto escrito, o *pshat*.

Num princípio: O texto não diz "no princípio", mas sim "num princípio"[1]. A questão da criação ou não criação do tempo é assim expelida. Permanecemos na concepção hebraica, retomada pela tradição rabínica (TB Haguigá 11 b): "quem perguntar o que é antes ou depois, o que é acima ou abaixo, teria sido melhor se não tivesse nascido"[2]. Sem teologia, sem questões fora da nossa experiência intelectual ou palpável. O hebraico deixa a percepção dos conceitos para os gregos. Só na Idade Média é que pensadores como Maimônides (1138-1204 d.C) redizem a Torá na língua de Aristóteles.

Num início de: A palavra *reshit*, da raiz *rosh* "cabeça", está escrita no estado constructo feminino, ou seja, como um complemento de substantivo: *num início de*. De quê? pode-se perguntar. Seria de fato de esperar encontrar o substantivo, como *reshit tevuato*: "início da Sua colheita" (Jer 2,3). De fato, aqui é a continuação (fim do v.1 e v.2) que, excepcionalmente, desempenha o papel de "nome". Compreendamos

---

[1] A LXX traduz *arche* "princípio", o grego significa: "pelo Seu poder, Deus criou etc"
[2] A Torá começa com Beth (ב) a segunda letra do alfabeto que vale 2. Podemos apreender a dualidade do mundo, o álef (א) a letra 1, letra do Ser infinito, escapar-nos-á sempre (o Impensável, o Inefável).

então: "no início [da proposta] Deus (que) criou os céus e a terra", a terra era *tohu-bohu* (deserta e vazia), etc. Esta tradução reforça a ideia de que o autor não está à procura do ponto zero absoluto (para sempre inalcançável), mas sim durante alguns segundos depois. Alguns traduzem "num princípio": esta é uma leitura de influência grega tardia, a ser classificada na categoria midráshica[3]. O hebreu continua a ser mais pragmático!

Ele criou Elohim: Em hebraico bíblico (não em hebraico moderno), a frase está escrita: verbo + sujeito + complemento. Ideia original: é o verbo que define o assunto, e não o contrário. Esta é uma linguagem de ação e não do sujeito autônomo ou do cartão de visita. Um médico que come é um comedor; só será um médico praticando a sua medicina. Hebraicamente, somos, antes de tudo, seres humanos que realizam diferentes atos que são traduzidos pelos particípios presentes. Assim o hebraico diz: "Estou comendo, estou falando, estou fazendo exercício, etc." e não "Como, falo, faço exercício". No Evangelho, Jesus permanece fiel a essa identidade ao declarar: "Não são aqueles que me dizem Senhor, Senhor, mas aqueles que fazem a vontade do meu Pai que entrarão no Rein" (Mt 7,21). Quando, na liturgia de Israel, proclamamos, de manhã e à noite, a unidade de YHWH (Dt 6,4), acorrenta-se de uma só vez: "Amarás o Senhor teu Deus... ensinarás aos teus filhos... prenderás um sinal na tua mão..." (Dt 6,5-9). (Dt 6,5-9)[4]. E fielmente Tiago, na sua epístola, continuará: "Mostrar-vos-ei a minha fé pelas obras" (Tiago 2,18).

Ele criou: O primeiro verbo do Torá *bará* [bet - resh - aleph] tem como único sujeito, em todo a *Tanakh*, Deus e só Deus. Biblicamente falando, o Homem não cria nada, mas transforma o mundo a partir de elementos já existentes. A genialidade de Mozart consiste em harmonizar sete notas de música, *idem* o fez Picasso com as suas cores ou

---

[3] Há também a leitura cabalista que decompõe *Bereshit* em *bara-shit* "Ele criou (os) seis (dias)", ou que propõe a permutação: *berit-esh* "aliança de fogo". Cf. A.D. Grad *La kabbale du feu* (A Cabala do Fogo). Ed. Dervy. A Cabala Cristã usa os mesmos procedimentos midráshicos para encontrar o nome de Jesus (*Yeshua*).

[4] Mencionemos também o "faremos e ouviremos" (Ex 24,7) dos filhos de Israel aos pés do Sinai. Ouve-se e compreende-se em proporção à ação tomada. "Provai e vede que YHWH é bom" (Sl 34,9), etc.

Michelângelo com o seu mármore. Mesmo a inspiração científica ou artística não inventa nada, mas *des-cobre* a realidade, ou dá-lhe uma nova luz.

Geralmente, judeus e cristãos entendem este verbo *bará* como criação *ex nihilo*, "algo existe a partir do nada", daí o único sujeito divino. Contudo, Abraham Ibn Ezra[5] observa judiciosamente que esse verbo é também utilizado para os grandes répteis do mar (Gn 1,20) e para Adão (Gn 1,26). Agora os répteis vêm da água e Adão do solo. Vamos, portanto, sugerir que o hebraico não elabora necessariamente a ideia de *criação ex nihilo*, mas postula que só o Criador é capaz de realizar tais atos[6]. Assim, o primeiro verbo significa que só Deus cria os céus e a terra (tudo é criado no momento da criação), o segundo verbo significa que só Ele cria a vida e o terceiro que só Ele cria os seres humanos. A expressão "6 dias de Criação" é, portanto, errada.

O verbo *bará* está aqui no passado, na forma simples chamada *kal*[7]. Mais tarde encontraremos o passado hebraico construído a partir de um futuro *pretérito/passado* (pois existe um passado futurista), e consideraremos então as implicações existenciais dessas duas formas de escrita[8].

Elohim: *Theos* na LXX. *Elohim* vem da raiz *el* "poder, força"[9], escrita no plural masculino (terminando em *im*)[10]. O Onipotente pode ser entendido como a fonte de todas as forças do céu e da terra. Será afirmado

---

[5] 1089–1167, comentarista espanhol literalista (que acreditava na astrologia), muitas vezes, próximo do comentário de Rachbam. Parece que eles se conheceram durante uma viagem de Ibn Ezra a Rouen.

[6] O grande cabalista de Safed, R. Isaac Luria (1534–1572) apresentará outra alternativa, não será nosso objetivo aqui, mas queríamos indicar a possibilidade permanente de uma "outra palavra" *davar a'her*.

[7] Há também a forma intensiva, por exemplo, a diferença entre "falar" e "falar com insistência".

[8] Em hebraico bíblico, há 2 maneiras de dizer o pretérito: 1) um pretérito simples, 2) um pretérito futuro transformado em pretérito pela adição de um vav (ו) como prefixo. Do mesmo modo: 1) um tempo futuro simples 2) um tempo passado transformado num tempo futuro, acrescentando-se o vav. Esta regra gramatical está subjacente a uma concepção de tensão reversível que abre a possibilidade de arrependimento, nada é fixo no tempo.

[9] O que também pode significar "para", porque um poder, por definição, orienta, dirige. Encontramos *El* em *Alá*.

[10] A Torá distingue *elim* "divindades" em referência à idolatria, (Ex 15,11) e E*lohim* masculino plural de *Eloah* (Dt 32,15), palavra feminina que designa o Deus único. Às vezes *Elohim* se refere a ídolos, mas então o termo é seguido por *a'herim* "outros". Vamos entender que a idolatria é uma alteração da relação com o Deus Único. Às vezes o escriba escreve *Elohim* com o artigo (*ha-Elohim*) para enfatizar que é de fato o Deus, e não uma divindade, quem age na história (por exemplo, Gn 22,1).

que El (ou Ilu) é a grande divindade cananeia, pai de Baâl[11], certamente! A Torá não foi a primeira na cronologia dos escritos fundadores[12], pensemos na Epopeia de Gilgamesh. Retoma histórias ou palavras estrangeiras, ou mesmo o nome da divindade *El*, mas harmoniza todo o seu discurso na coerência do monoteísmo. A Torá *Kosheriza* (torna *Kosher*) a anterioridade. A partir daí, cada nome divino já não se refere a um panteão, mas a atributos do *Único*[13].

<>: Usamos este losango para recordar a presença do termo *et* (את), que introduz em hebraico bíblico o COD, isto é, o complemento do objeto direto. A originalidade dessa palavra intraduzível[14] provém do fato de ser escrita com a 1ª letra [àleph] e a 22ª e última letra do alfabeto hebraico [tav], o seu *alfa* e *ômega*[15]. Essa palavra sugere, antes de mais, a totalidade da COD em consideração. Em outras palavras, Elohim cria a totalidade dos céus e a totalidade da terra. Mas *et* também implica a alteridade absoluta entre o sujeito do verbo e o seu complemento, aqui entre Elohim e a sua criação dual. Deus não é confundido nem com o céu nem com a terra. O face-a-face permanece inerente à realidade criada.

Sempre que encontrar o sinal "<>" compreender a totalidade da COD, o transbordamento de amor do Ser.

Elohim, céus, terra. Para cada ator ou situação na narrativa bíblica, presumimos que há sempre um tríptico: Deus, o um e o outro. O projeto ético da Torá se desenvolve numa relação tripartida[16].

Os céus: *Shamaim* (sempre no plural em hebraico) designam o que não é a terra. No sentido literal, não é o mundo dos anjos ou do paraíso, mas a abóbada celestial, o lugar das estrelas. A etimologia, no sen-

---

[11] De acordo com as escavações de Ugarit na Síria.
[12] O Midrash (*Bereshit Rabbá* em nosso versículo) afirma a anterioridade da Torá de que "o Santo, bendito seja Ele, olhou e criou o mundo". Ideia paralela com o Alcorão incriado, e de certa forma com o Logos do princípio (Jo 1,1). Daniel Sibony em seu livro *Les trois monothéismes* (Os Três Monoteísmos) (Ed Seuil) sugere, para aliviar as tensões entre as verdades religiosas, recusar a apropriação da origem.
[13] O Midrash liga YHWH ao atributo de misericórdia e amor, e Elohim ao de rigor e justiça; Shaddai apresenta o Deus que se autolimita (*dai*), etc.
[14] Em alguns contextos significa "com" como em Gn 4:2 "Eu adquiri um homem com (*et*) YHWH".
[15] Imagine que o COD, em francês e em português, seria sistematicamente introduzido pela palavra AZ.
[16] Veja nossa obra: "Fraternidade ou a revolução do perdão", sobre as modalidades de escrita da Torá. A fé cristã retomou esse tema com a Trindade.

tido literal, vem de *sham* "lá" com uma forma dupla no final (*aim*)[17]. O hebraico, no seu pragmatismo, diz o distante lá. Mais tarde, nas visões de Isaías ou Ezequiel, os céus esconderm o trono divino rodeado de criaturas angélicas[18].

A terra: o lugar onde a vida se desenvolverá e o cenário da história. A palavra *erets* refere-se ao espaço, à geografia, e mais tarde designará um país (*erets Israel*) ou um território (*erets ha-moriá*). Para designar a terra, o hebraico diria *ha-adama*.

A *Tanakh* nunca usa a palavra "mundo", *olam*, exceto para designar um tempo muito longo (não a eternidade). É a partir do 2º Templo, sob a influência do persa ou grego, que a palavra *olam* irá designar o mundo, o universo. Toda língua evolui.

V. 2: "Ora a terra[19] estava deserta e vazia (*tohu-bohu*); e uma escuridão (cobria) as faces (*penê / panim*) das profundezas (*tehom*), e / mas (um) sopro de *Elohim* pairava sobre as faces das águas".

E a terra estava: Aqui o sujeito precede o verbo, o que significa que o ato foi realizado antes da informação mencionada. Da mesma forma (Gn 4,1) "Adão conheceu Eva", ou seja, Adão *já tinha conhecido Eva*. É como Rashi a entende, ele a conheceu no Jardim do Éden. Caim foi concebido antes da desobediência.

Esse versículo 2 descreve o estado da terra nesse início. Mas não há informação sobre o estado dos céus. Esse não é o objetivo da revelação. Quando os homens querem subir ao céu, Deus os faz descer espalhando-os pela terra (Gn 11,1-9), e o salmista cantará (Sl 115,16): "Os céus, sim, os céus são de YHWH, mas a terra Ele deu aos filhos de Adão". Quando um homem quer aproximar-se demasiado do céu, de Deus, o Senhor dissuade-o (Gn 3,5; 33,20), ou então eles morrem (Lv 10,3)[20]. A terra do Princípio está em desolação. *Elohim* a ordenará (*cosmos* = ordem), dia após dia até ao seu Shabbat.

---

[17] De acordo com R. Obadia Sforno (1480-1550), exegeta literalista italiano inspirado no Renascimento. Ele introduziu Johannes Reuchlin ao hebraico. O povo judeu permanece grato a essa bela alma por defender a comunidade judaica contra os ataques antijudaicos de seu tempo.
[18] Em nosso livro sobre o "Pai Nosso", propusemos a leitura midráshica ShaMaim => Esh - Maim = Fogo - Águas. Os Céus: lugar da harmonia dos opostos.
[19] Sujeito antes do verbo.
[20] Veja o mito de Ícaro.

Tohu-bohu: Det 32,10; Is 34,11, etc. Estes são substantivos e não adjetivos. A terra, *tohu-bohu*, é coberta por águas e mergulhada na escuridão. Note-se que *tohu* começa com *tehom* "abismo" e *bohu* começa com *tehom / behemah* "animal".

Abismo: *Tehom*, as águas subterrâneas.

As faces: As faces do abismo (lugar das águas subterrâneas) e das águas superiores. O termo *panim* (sempre no plural) designa um rosto, o dos humanos (Ezequiel 1,10), animais (idem), os querubins da arca (Ex 25,20), o pão dos sacerdotes (Ex 25,30), Deus face a Moisés (Ex 33,11) e aqui as águas. A língua hebraica utiliza tanto quanto possível a linguagem ética, da qual o "face a face" constitui a expressão[21] mais elevada. Quando *panim* [pê-nun-yud-mem] se torna *pen* [pê-nun] significa "por medo de que". Quando a face do outro desaparece, a catástrofe pode surgir.

Respiração: *Ruah*, em hebraico, é feminino. É literalmente o vento que vem de *Elohim*. A leitura "espírito de Deus, espírito santo"[22] é a segunda, e está de acordo com a leitura midráshica.

Pairar: Verbo no particípio feminino presente que exprime um estado constante. Elohim vai agora intervir através das suas palavras, o seu *amira*, primeiro para limitar o espaço das águas, e para fazer emergir concretamente a terra.

V. 3: "E disse Elohim: 'Haja a luz!' E houve a luz".

E disse Elohim: Após o ato de criação, o dizer divino irá progressivamente estruturar a realidade. O dizer estabelece a relação entre Deus e a luz. Aqui, o verbo precede o sujeito, de acordo com a norma da gramática bíblica. O verbo *vayomer* é construído sobre um tempo futuro precedido por um vav[23] (ו) chamado inversivo ou conversivo que trans-

---

[21] Para a costura das cortinas do santuário, a Torá diz "uma mulher em direção a sua irmã" (Ex 26,3), o mesmo para as tábuas do referido santuário (26,17). Alfaiate e carpinteiro (*sic* "o filho do carpinteiro") tornam-se profissões morais, que podem, naturalmente, ser estendidas a qualquer atividade de acordo com a intenção que se coloca nela.

[22] A tradução correta de *ruah ha-kodesh* seria "espírito de santidade", pois a terra santa é "terra de santidade" (Ex 3,5), o sopro, a terra, até as águas do banho ritual nos empurram para a santidade de Deus, o único Santo da Bíblia (Is 6,3).

[23] O *vav*, a sexta consoante do alfabeto, significa "e". Liga horizontalmente uma palavra à outra, pela sua forma vertical o céu e a terra, e finalmente faz uma ligação temporal entre

forma o futuro no passado. O tempo hebraico é orientado (ou linear), não cíclico e reversível. Não há fatalidade. Biblicamente, Édipo poderia ter escapado ao seu trágico destino. Essa concepção original implica o princípio de *teshuvá,* o regresso a Deus, que apaga os pecados e conduz da morte à vida (por exemplo, Ezequiel 18).

Ibn Ezra cita Saadia Gaon (Babilônia, século IX d.C.), para quem a palavra divina expressa a vontade divina. "O mundo que Ele criou segundo a Sua vontade", afirma o início do Kaddish, a oração de santificação do nome inefável de Deus. O mundo é, como poderia não ter sido, o que não se pode dizer de Deus, cuja essência e existência estão fundidas. A existência é o traço do amor de Deus. "O ato de criação é o ato moral, por excelência, porque é o dom do Ser a outro que não a si próprio" (Manitu)[24].

Há dois verbos principais para exprimir a ação da boca: A.M.R. "dizer" e D.B.R. "falar". A primeira designa uma palavra suave e maternal; a segunda uma palavra mais rígida e paternal. O versículo (Lv 17,2): "YHWH falou a Moisés, dizendo: 'Fala a Arão e aos seus filhos e aos filhos de Israel e diz-lhes'" alterna discurso legal e linguagem gentil. Alusão a uma pedagogia de transmissão: mesmo as exigências da verdade divina devem ter o sabor do leite materno.

A luz será: Preferimos traduzir pelo tempo futuro, o que anuncia o projeto que será realizado mais tarde. Aqui, luz (*or*) sem o artigo *a*. Mas que luz é essa? Não a do sol, que só aparecerá no quarto dia com a lua e as estrelas. É suficiente para Rashbam que a escuridão já não tenha uma supremacia única. Partilha o tempo com a luz. Diversidade alternativa. À dualidade do céu e da terra (espaço) juntam-se a luz e as trevas (tempo), que aqui e ali provêm do único Deus.

Em contraste com os mitos sumérios e gregos, o mito bíblico não apresenta nenhum conflito, nenhuma guerra dos deuses. Tudo é gentilmente realizado na paz de Deus.

---

passado e futuro e vice-versa. O *vav* acrescenta à textura ética da escrita. Para além da bet inaugural (ב), todas as colunas do pergaminho da Torá começam com *vav*. O escritor bíblico está constantemente a costurar a fraternidade.

[24] *Ki Mitsion.* Notas sobre a parashá.

V. 4: E considerou *Elohim* <> a luz para sempre, e separou entre a luz e entre a escuridão.

E Ele considerou: É difícil traduzir "Ele viu" como se o Criador descobrisse a sua obra. A consideração, por outro lado, introduz a temporalidade. Deus, o grande Artesão, contempla que a luz é boa em relação à escuridão.

Luz: Aqui aparece o artigo, porque a luz anunciada torna-se a realidade do mundo.

Bom: não se diz que as trevas são más (*ra*), mas a palavra "bom" (*tov*) ligada à luz dá a ideia de uma visão clara e de continuidade temporal. O *tov* irá então referir-se à vida e bênção.

Ele separou: Deus *diz* o que Ele quer (aqui luz), depois Ele separa entre a luz e as trevas. Deus distingue as identidades através da introdução do intermediário. O movimento criativo é sempre de indistinto a distinto. A Bíblia não gosta de confusão[25], mas não é para cair na independência ou indiferença, mas para se abrir, idealmente, ao relacionamento.

V. 5: E chamou *Elohim* à luz: (*yom*) *dia*, e à escuridão Ele chamou: (*laila*) *noite*. Houve uma tarde (*erev*), e uma manhã (*boker*), dia um.

Ele chamou: terceira parte da ação divina, após o aparecimento de uma realidade e separação da anterioridade, nomeação de cada identidade. Por que nomear luz e escuridão, por *yom* e *laila*? Para dar um valor ao nome, ao caminho. Edmond Jabès: "As coisas só existem quando são nomeadas". Chamemos a essa sabedoria de nomear: semismo, e o seu oposto antissemismo, a negação do nome[26].

Yom: Yom "dia" assemelha-se a *yam* "mar". O dia, um oceano de tempo. Boris Vian – *A Escuma dos dias (L'Ecume des jours)*- Hebraizou seu romance sem o saber.

Noite: Em línguas semitas, essa associação de consoantes (*laila, Lilit*) refere-se a uma realidade negativa[27], pelo fato de não ver, de estar fechado no escuro.

---

[25] Todas as regras das misturas proibidas atestam isso (leite e carne, lã e linho, etc.).
[26] Dos quais o antissemitismo, o racismo ou a xenofobia são expressões. Da remoção do nome (por um número tatuado, por exemplo) ao assassinato, há apenas um passo.
[27] Por permutação de *laila, yelala* = gemido.

Boa noite: *Erev* significa mistura[28], porque é o momento em que o dia se mistura com a noite. Existe também a ideia de "suavidade" *arev*, como um crepúsculo suave.

Manhã: *Boker* vem da raiz B.K.R. "visitar". Pela manhã, pode-se visitar os animais, o pomar, o trabalho, o vizinho. A manhã é um momento de reencontro[29]. É confiando na noite antes da manhã que a tradição traz o Shabbat na sexta-feira à noite.

Dia: *Yom* refere-se ao dia/noite, bem como ao dia de 24 horas. A relatividade do tempo. Mas o que significa um dia sem o sol do 4º dia? O *Yom* pode então ser entendido como um período[30]. Deus dá tempo ao tempo, para dar tempo ao homem mais tarde.

Dia um: Número cardinal, e não "primeiro dia", pois teremos "segundo dia" ou "terceiro dia", etc. Por que é que isso acontece? Rashi responde: "O Santo, bendito seja Ele, permaneceu Um". De acordo com o *pshat* podemos ler *yom e'had* lê "dia do Um". Em outras palavras, a criação não mudou a unidade divina. Na oração judaica, recitamos: "Tu és Um antes da Criação, Tu és Um depois da Criação".

P: A letra pê (פ) indica ao escriba para ir para a outra linha. P é a inicial de *petu'ha* "[parte] aberta", pelo que marca o parágrafo. Há outro sinal, a letra *sameh* (ס), inicial de "[parte] fechada", indica para deixar um espaço em branco de 9 letras antes de retomar a escrita[31]. Vemos que a divisão da tradição judaica, conhecida como dos Massoretas[32], não corresponde à divisão habitual em parágrafos[33].

V. 6: E disse *Elohim*: "Haja um firmamento no meio das águas, e assim se fez".

E Ele diz: Nova declaração do projeto, do desejo ou da vontade divina[34].

---

[28] A "grande mistura" que saiu do Egito de acordo com Ex 12,38.
[29] Na *halachá* (rito judeu), pela manhã, pode-se começar a proclamar a unidade de Deus (*Shemá Israel*) quando se pode distinguir um amigo a poucos passos de distância. Assim, Deus e o outro estão reunidos numa visita.
[30] Idem Zc 14,9: "Naquele dia (*yom*) YHWH será Um", ou seja, nesse período.
[31] O padrão de 9 letras é *lemishpê-'hotekhem* "para as vossas famílias". Outra referência à ética da escrita.
[32] Os Massoretas (século VI d.C.) também inventaram as vogais, os sinais de cantilação.
[33] A divisão, em capítulos, vem de Etienne Langton (1227), professor na Universidade de Paris e mais tarde Arcebispo de Cantuária, para facilitar o trabalho dos seus alunos.
[34] Em hebraico bíblico, proximidade entre desejo (*'hefets*) e vontade (*ratson*).

Haja: Como para a luz, não condicional, mas um futuro anunciando o projeto do 2º dia. Essa observação permanecerá válida para toda a exegese.

Firmamento: Em hebraico moderno, *rakiá* designa firmamento, mas aqui é o espaço de separação entre as águas abaixo e as águas acima (Ez 1,22).

Separando: Tal como a separação da luz da escuridão. Esse processo prepara para a emergência da terra (*erets*).

V.7: E *Elohim* fez o firmamento, e separou as águas que estão sob o firmamento das águas que estão acima do firmamento; e assim foi.

Ele fez: No v. 6, *Elohim diz* o Seu plano, no v. 7 ele o realiza. O que significa para Deus realizar? Note-se aqui o fosso entre o projeto e a realização, enquanto para a luz não o realiza, mas "houve a luz". Exclusivamente para o primeiro dia a palavra de Deus é totalmente cumprida, mais tarde veremos as discrepâncias[35]. A finalidade da História, que começa com a ação divina, é entendida como um jogo entre um projeto e uma realização. "Que Tua vontade seja feita na terra como (já feita) no céu." O real permanecerá aproximado, até que: "YHWH seja único e Seu nome seja único" (Zc 14,9)

Assim: *ken* em hebraico significa "sim", dá *nakhon* "seguro, exato, estável". Por exemplo: "que o seu sim seja (exatamente) sim". Manitou propõe "só assim" por causa da discrepância mencionada[36].

V. 8: E *Elohim* chamou a extensão dos *Céus* firmamento (*Shamaim*). E houve uma tarde e uma manhã, segundo dia (P)

Ele chamou: Nomeação, semismo do 2º dia.

Firmamento: O firmamento terá o nome de águas que estão acima. *Shamaim* pode ser decomposto em "águas de lá".[37]

---

[35] O Maharal de Praga (século XVI) explica que a criação, como tal, resiste à palavra de Deus (Deus não é mágico). Há um delta de incerteza, Δ, que aumenta proporcionalmente ao dom da vida, até o humano, dotado de livre arbítrio.
[36] Op. Cit.
[37] Ver v.1 e comentário de Sforno.

Houve uma tarde, etc: Refrão do primeiro capítulo. Note-se que a expressão "Ele considerou que embora" não aparece, porque no segundo dia só há separação do mesmo (as águas)[38]. O *tov*, o bem, existe apenas na diferenciação[39].

V. 9: E disse *Elohim*: "As águas serão reunidas sob os céus num só lugar, e que apareça o continente (terra)". E assim se fez. ***Elas serão reunidas:*** O verbo K.W.H. significa "reunir", mas também carrega o significado de esperança; sendo a esperança dita *tikvá*. As duas consoantes K.W dão *kaw*, o que significa uma linha[40] que une duas pontas. Dizemos "juntar as duas pontas". A esperança liga o projeto (*reshit*) ao seu resultado (*a'harit*)[41], e a reunião da água liga uma costa a outra.

Um lugar: De acordo com essa visão o mar ocupa um único lugar, dando ***lugar à terra***[42].

Assim se fez: Não há qualquer menção a qualquer ação divina como no segundo dia.

V. 10: E *Elohim* chamou ao continente *Terrar*[43], e à reunião das águas *Mares*. E *Elohim* viu que isso era bom.

E Ele chamou: Novamente após o aparecimento dos elementos separados, Deus nomeia cada um deles.

Águas, Mares: Trocadilho com as palavras: *Maim* (Águas) torna-se *Yamim* (Mares) ao adicionar um *yod*.

Pois bem: não há *ki tov* no segundo dia, que se menciona aqui no terceiro. Rashi comenta: "O trabalho do segundo dia não foi concluído senão no terceiro dia". Deus não faz tudo ao mesmo tempo (com uma varinha de condão). Esta declaração de "o Deus do céu que faz o mar e terra" define o hebraico (Jo 1,9).

---

[38] Ver abaixo a nota de Rashi que completa o nosso ponto de vista.
[39] O projeto babeliano recusou essa diferenciação em favor de uma sociedade idêntica.
[40] Uma "linha" também, por exemplo, Sl 19,5.
[41] No tratado *Yoma* (8,9) dedicado a Yom Kippur. Rabi Aquiva joga com esse duplo sentido de acordo com Jr 17,13 "a Esperança de Israel é YHWH": assim como o *mikvé* (banho ritual) purifica, o Eterno purifica seu povo de seus pecados.
[42] Cf. Sl 104,25.
[43] O solo sólido.

V.-11. E disse *Elohim*: "Que a terra verdeje de vegetação[44]: ervas que deem semente e árvores frutíferas que deem sobre a terra, segundo a sua espécie, frutos contendo sua semente" e assim se fez.

E Ele disse: Deus dirige-se à terra na 3ª pessoa.

Ela verdejará vegetação: redundância idiomática no hebraico bíblico. Existem formas de vegetais assexuados (reprodução vegetativa), em hebraico: *desh*.

Erva que dê semente: *Essev*: planta sexual anunciando a distinção entre masculino e feminino. A erva gera erva, mas sem fruta.

Árvore frutífera: A árvore (*ets*)[45] representa a 3ª categoria de planta que sai da terra (como Adão mais tarde) e dá frutos. Aqui é a terra (*erets*), e não a terra (*adamá*), que suporta as plantas. O escritor escolhe o singular (verdura, erva, árvore, fruto) para o plural.

Segundo a sua espécie: A palavra divina "fecunda" a terra, especificando cada identidade vegetal, sem confusão dos gêneros. Cada semente carrega essa palavra. O biológico é divino, sem panteísmo.

V.12: A terra produziu ervas ou fez brotar o verde: erva que dá semente segundo sua espécie, e árvore que dá fruto, contendo sua semente, segundo sua espécie e Deus viu que isso era bom.

A terra gerou: A terra cumpriu a vontade divina.

Árvore frutífera: E não "fruta de árvore que dá frutos". Daí a explicação de Rashi: "A terra desobedeceu, e produziu *árvore dando fruto*, e não árvore frutífera". A ideia é interessante de um ponto de vista midráshico. Notemos, contudo, uma diferença entre *lemino* "de acordo com a sua espécie" (v.11) e *leminehu* aqui, "de acordo com a sua espécie", mas com a adição de *he*. O texto literal sugere variações entre o projeto e a realização.

V. 13: Houve uma tarde e uma manhã - terceiro dia (P)

Terceiro dia: Final de um primeiro ciclo em três dias, da luz à árvore de fruto ou que frutifica.

---

[44] Forma idiomática do hebraico.
[45] Masculino de *etsá* 'conselho'. Um bom conselho é como uma boa árvore de fruto. Cf. Parábolas evangélicas e rabínicas.

V. 14: E disse *Elohim*: "Que haja[46] **luzeiros na extensão dos céus, para separar o dia e a noite; que eles sirvam de sinais tanto para as estações, tanto para dias e os anos".**

Luzeiros: corpos luminosos que transmitem a luz do dia 1.

Para separar: A partir desse 4º dia, podemos falar de um calendário; antes disso estamos numa meta-temporalidade. Da mesma forma, os 3 primeiros capítulos são meta-históricos antes do nascimento dos primeiros filhos. As leituras fundamentalistas não têm em conta as nuances do texto hebraico.

O dia... a noite: Primeira medida do tempo, o ciclo circadiano[47].

Para os sinais: Ou para se orientar em terra ou no mar, ou uma alusão à astrologia.

Estações: *Moadim* designa as "reuniões"[48] das festas de peregrinação que marcam as estações (*Pessah* / Primavera; *Shavuot* / Verão; *Sukkot* / Outono).

Dias: *Yamim* no plural pode referir-se na Torá a um longo período (talvez um mês lunar?).

Anos: Os ciclos solares.

V. 15: "Que haja luzeiros no firmamento dos céus, para iluminar a terra". E assim se fez.

Para iluminar: Após a função de calendário, a função de iluminação. O sol e a lua nunca são aqui mencionados as qualidade, nem no versículo seguinte, a fim de contradizer as leituras idólatras. Trata-se apenas "oficiais" de Deus. O mundo está desencantado, o trabalho científico pode começar.

V. 16: E fez Elohim <> os dois grandes luzeiros: <> o grande luzeiro para a autoridade do dia, e <> o pequeno luzeiro para a autoridade da noite, e <> as estrelas.

---

[46] No texto singular, "será".
[47] Ritmo circadiano ou ciclo circadiano (do latim *circa*, cerca de + *diem*, dia) é o nome dado à variação nas funções biológicas de diversos seres vivos, que se repete regularmente com período de aproximadamente 24 horas (N.T.).
[48] A tenda da arca da aliança chama-se *ohel moed* "tenda da reunião" (Ex 29,4).

E Ele fez: Após a palavra de Deus o fazer, com distinção de identidades, sem nomeação.
Autoridade: O verbo **M.SH.L** = exercer um poder, por extensão reinar (Jz 37,8). Não significa necessariamente a ideia de dominação, mas também a utilização de sua força ao serviço de..., como aqui.
Grande...pequeno: No sentido literal, ambos são grandes em relação à terra, mas um é maior do que o outro (Rashbam)[49].
Dia...noite: Alternância de acordo com o hemisfério. Aqui a ação de Deus centra-se na iluminação da terra.

V. 17: E colocou-os *Elohim*, na extensão dos céus, para iluminar a terra;

V. 18: E para governar de dia e de noite, e para separar entre a luz e entre as trevas. E viu Deus que era bom.
Ele colocou-os: Literalmente: "Ele lhes deu". 3 momentos: 1) O plano de Deus. 2) A ação de Deus. 3) A organização de Deus. Deus leva o Seu tempo, enquanto a luz do primeiro dia aparece de imediato.

V. 19: E houve uma tarde e houve uma manhã - quarto dia (P)
Dia quatro: Após o refrão, anúncio do quarto dia, que corresponde ao primeiro dia, aqui e ali o tema da luz.

V. 20: E disse *Elohim*: "Produzam as águas répteis de alma viva e ave que voe sobre a terra, sobre a face da expansão dos céus".
Ele disse: Deus dirige-se às águas, como antes à terra.
Eles produzirão: O verbo **SH.R.TS** significa multiplicar-se abundantemente como os insetos *(sheretsim)*.
Multiplicação (fervilhamento), ave: sempre um singular pelo plural. Peixes e aves provêm do elemento água.
Alma: Como a etimologia grega "respiração".

---

[49] Rashi cita o Midrash que postula que Deus os criou iguais, mas a lua pediu "uma coroa para dois reis?", por isso foi diminuída. Este midrash abre uma reflexão sobre a igualdade dos seres na criação.

Alma viva: 1ª ocorrência de *nefesh 'haya*. Às vezes reduzida a *nefesh*, a expressão refere-se a um ser vivo (corpo e alma) que respira, interage com o seu ambiente, procria e move-se[50]. Uma alma viva desde o ser unicelular até ao ser humano.

A Torá não diz que Deus sopra o sopro da vida para as narinas (como para Adão no cap. 2), mas implica esse encontro entre a respiração divina e o corpo animal. Paradoxalmente (frequentemente em hebraico), *nefesh* também designa o cadáver (Lv 21,1), o corpo de onde um sopro foi retirado.

V. 21: E criou *Elohim* <> os grandes peixes, e <> toda a alma viva que se arrasta, que as águas produziram segundo suas espécies <> e toda ave segundo sua espécie; e viu Deus que era bom.

Ele criou: 2ª menção do verbo *criar*. Dentro das águas, Deus cria vida animal através dos grandes cetáceos (plural, e não mencionadas no v. 21), o peixe e a ave. Um salto no movimento da vida. Aqui não é *bará* (v. 1), mas *vayivra*, um tempo futuro precedido pela *vav* inversivo/conversivo que remete ao passado[51]. A vida faz parte de uma história progressiva ou regressiva no plano moral. Assim, a narrativa do Dilúvio afirma que mesmo os animais perverteram a sua natureza (Gn 6,12). E no tempo futuro, os carnívoros comerão foragem (Is 11,7).

Cetáceos: Em hebraico moderno: *crocodilo* ou *jacaré*. A Torá recupera os grandes mitos do Oriente Próximo referentes aos poderes do mar, sendo estes últimos reduzidos a meras criações de Deus.

Alma viva: Ver acima.

Peixe - ave: O pássaro, um peixe que conseguiu voar?

De acordo com a sua espécie: Sempre a separação das identidades.

V. 22: E Ele abençoou-os dizendo: "Sede fecundos e multiplicai-vos e enchei as águas nos mares, e a ave se multiplique na terra!"

Ele abençoou-os: Primeira ocorrência do verbo "abençoar" que não ocorreu com os vegetais. Porque estes últimos reproduzem-se por uma

---

[50] Isso exclui a planta, que, no entanto, continua a ser um encontro da palavra divina com o rebento terrestre. A planta respira.
[51] Ver nota de rodapé nº 17.

sexualidade intrínseca, mas os machos e as fêmeas devem encontrar-se. A bênção (*brakhá*) se traduz pela reunião da diferença, simbolizada por 2, que gera o terceiro[52].

Para dizer: A quem? Trata-se de uma palavra-chave na Torá significando que a palavra divina não pode ser encerrada num lugar, tempo ou pessoa, mas que ela se propaga.

Sede fecundos e multiplicai-vos e enchei: O fruto de cada espécie será multiplicado, e encherá as águas e o céu.

V. 23: E houve uma tarde e uma manhã, quinto dia (P)

Quinto dia: Conclusão do refrão. O quinto dia corresponde ao segundo: as águas reunidas produzem agora os seus animais.

V. 24: E disse *Elohim*: "Produza a terra alma viva segundo sua espécie: quadrupede, réptil, e animal da terra, segundo sua espécie". E foi assim.

A terra: A palavra *erets* mencionada duas vezes.

Alma viva: Agora Deus dirige-se à terra para produzir os animais chamados *nefesh 'haya*, expressão já explicada.

Quadrúpede, etc. Coletivo Singular. Aqui 3 tipos de animais: 1. *Behemá* = quadrúpede (que se tornará) domesticado (herbívoro), 2. *Remes*: animal rastejante (em contato com a sua origem terrestre), 3. *'Haya*[53]: quadrúpede selvagem (carnívoro ou não). Para dizer que esse quadrúpede não é domesticável, o texto diz poeticamente "seu quadrúpede dos campos". O campo, o lugar da força brutal, onde Caim matará Abel.

De acordo com a sua espécie: separação de identidades.

V. 25: E fez de *Elohim* <> o animal da terra segundo sua espécie, e <> o quadrúpede segundo sua espécie, e <> e todo réptil da terra (*ha-adama*) segundo sua espécie. E Deus considerou que era bom.

Ele fez: passagem do *dizer* ao *fazer*.

---

[52] A gematria de B.= 2 + R.= 200 + KH.= 20 "abençoar" dá: 222.
[53] Aqui substantivo, não adjetivo como em *nefesh haya*.

O réptil... quadrúpede etc. Deus *faz* de acordo com uma ordem diferente da sua palavra. A disparidade.

O réptil da terra: Primeira e única ocorrência da terra (*ha-adama*) nesse capítulo, que voltará em Gn 2,5. O versículo prepara-nos para essa mudança na relação com o mundo.

Ele considerou que era bom: a criação dessa fauna faz parte do bem, o resultado de um projeto.

V. 26: E disse *Elohim*: "Façamos o homem à nossa imagem segunda a nossa semelhança; e que domine sobre o peixe do mar, e sobre a ave dos céus, e sobre o quadrúpede (domesticado) e sobre toda a terra, e sobre todo réptil que se arrasta sobre a terra".

Façamos: *Naassê* pode ser traduzido "faremos" de acordo com Ex 24,7, ou "façamos", porque em hebraico imperativo e futuro se identificam. No sentido literal, Deus dirige-se à terra como no v. 24[54]. Mas por que Deus se exprime por este *nós* coletivo em vez de "a terra produzirá, etc."? Porque se trata de Sua última criatura criada à "Sua imagem e Sua semelhança". Por conseguinte, *nós* enfático. O Criador honra a Sua criatura humana por este *nós*[55].

Adam: Aqui o Adam aproxima-se da "semelhança" *demut*. Ele assemelha-se ao seu criador pelo pensamento (verbo D.M.H (דמה) = pensar, conceber, imaginar).

À nossa imagem: A LXX traduz *tselem* por ícone. O *projeto* divino e não o *desenho*, dizia Manitou[56]. Note-se a raiz de *tsel* = sombra. O homem está na sombra de Deus. Ele não recebe toda a luz, senão desapareceria em Deus, o que Deus não quer (Ex 33,20). Isso também significa que ele transporta partes de sombra. O homem criado por Deus expressa a sua distância de Deus pela sua liberdade.

E eles dominarão: Uma dominação de acordo com a ética monoteísta, e não num espírito orgulhoso de conquista militar, econômica ou de

---

[54] Uma leitura midráshica propõe que Deus se dirija ao humano para fazer o Homem, outra aos anjos (Rashi). A leitura midráshica não sendo limitada e também pode interpretar também, num sentido binário ou trinitário.
[55] Também uma forma de não identificar o homem com Deus.
[56] Segundo o nosso mestre, não é a imagem de Deus que se pretende, mas a imagem que Deus faz do Homem. Isso exclui qualquer identificação entre o Criador e a Sua criatura.

prazer[57]. Quem é o sujeito desse plural? O casal, ou seja, uma sociedade de paridade. A terra (história humana) deve idealmente suportar a harmonia entre o masculino e o feminino.

À Nossa semelhança: Como nós (Deus) temos a capacidade de pensar e agir bem.

V. 27: E criou *Elohim* adam, à Sua imagem; à imagem de *Elohim* Ele criou-o, macho e fêmea Ele os criou.

Ele criou: 3 vezes o verbo "criar" apenas neste versículo, no início, no meio e no fim. 3º momento da criação. Um novo salto: o homem distinguido do animal, pelo *tselem Elohim*. O primeiro "Ele criou", é um futuro com *vav* conversivo. O ser humano entre a progressão moral e espiritual e a regressão. Os outros dois verbos estão na forma passada (*kal*)[58]. O ser humano carrega, por graça divina, esta imagem divina, partilhada entre o masculino e o feminino, em todos os lugares e em todos os momentos. "Queres ver Deus? Olhe para o teu próximo!".

À Sua imagem: Onde está a semelhança (*demut*) mencionada no versículo 26? Na verdade, esta semelhança é um projeto: dotado de poderes divinos, o Homem é convidado a assemelhar-se ao seu Criador agindo para o bem (*tov*), na justiça e no amor.

Masculino: *zakhar* significa estilete, cinzel, aquilo que grava a pedra ou barro para manter a memória. O masculino refere-se à memória, à anterioridade.

Feminino: *Nekevá* significa "ocada", esvaziado. O hebraico permanece muito concreto, muito visual. O feminino transporta a vida, o futuro. O masculino e o feminino cultivam juntos o passado e o futuro.

Ele os criou-os: o masculino e o feminino procedem do Deus único, é o *pshat*! A Cabala pode ajudar: *Elohim* é o plural masculino do *Eloá* feminino. Da mesma forma YHWH oferece a alternância de consoantes masculinas (YW) e femininas (HH).

---

[57] O midrash citado por Rashi pode lançar luz sobre o *pshat*: "pode-se ler que *ele dominará* se for merecedor (justo diante de Deus), ou ficará mais abaixo do animal se for indigno (perverso diante de Deus)". Tradições, judaicas e cristãs, falam do bom relacionamento dos justos com os animais.

[58] Ver nota 17.

Elohim tinha dito "façamos" em projeto, mas na realidade Ele *criou*. Inversão dos movimentos dos versículos anteriores, que começavam por *dizer* antes de *fazer*. Aqui Deus inaugura o Homem, o "façamos" será realizado na História com o masculino e feminino; com a ajuda de Deus!

Neste capítulo, cada singular vale um plural (erva, árvore, pássaro, animal, etc.), por que não para o humano? O significado literal não o proíbe, mas optamos, pelo humanismo, por um único casal no início, para que ninguém diga "meu pai era superior ao teu pai"[59]. Sofremos demasiado com as perversidades da ideologia da raça superior.

V. 28: E abençoou-os *Elohim* disse-lhes: "Frutificai e multiplicai, e enchei a terra e subjugai-a! Dominai sobre o peixe do mar, sobre a ave dos céus, e em todo animal que se arrasta sobre a terra!"

Frutificai: Os 4 verbos estão no imperativo. Trata-se de um programa coletivo de existência, não de uma escolha individual. Tornar os nossos filhos fecundos, através de uma educação amorosa, é o que temos de multiplicar.

Conquista-a: Tal como o verbo R.D.H, o verbo K.B.SH tem um duplo significado: o da conquista cega que traz a terra de volta ao *tohu-bohu*, ou o da gestão em sabedoria, macho e fêmea. Qualquer que seja o grau de investimento no mundo, a escolha continua a ser permanente. A bênção de Deus estende-se até este ponto; Deus define as vocações e apela à sua fecundidade.

Dominai: Repetição do v. 26. Conquistar o espaço e dominar os animais. É um fato que o homem sai da sua própria espécie para tomar conta, para o bem ou para o mal, de outras espécies.

V. 29: E disse *Elohim*: "Eis que vos dou <>toda erva que dá semente, que está sobre a face de toda a terra, e <>toda árvore que tem nela fruto de uma árvore que dê semente, serão para vós alimento."

E eis que: *Hine* "eis que" é uma das palavras-chave no texto bíblico, anuncia um fato, uma palavra a ser plenamente considerada. Declinado,

---

[59] TB *Sanhedrin* 38a.

dá *hineni* "eis-me aqui" que expressa compromisso total para com os outros (Deus ou próximo).

Eu vos dou: No texto *natati 'Eu dei'*, mas trata-se de um passado permanente, donde a tradução no presente. Não está aqui escrito que Deus dá a terra aos homens (como no Sl 115,17), por outro lado a comida é oferecida em pura graça, pois se o ser vivo não comer, morre. De fato, o ser vivo perdura através do intercâmbio com o seu ambiente.

Erva... árvore: Homem, masculino e feminino, aparece totalmente vegetariano (proibição de carne). Deus garante a sobrevivência das espécies pelo fato de as plantas transportarem vida dentro delas.

Dois tipos de alimentos introduzidos por *et* <>: o que cresce no mesmo solo e o fruto da árvore (o que implica levantar-se e libertar as mãos). Num aceno de cabeça à nossa sociedade de consumo, a Torá pede-nos que comamos alimentos saudáveis e que deem vida. Idealmente, a comida não saudável é condenada.

V. 30: "E a todo animal da terra, e toda ave do céu e tudo que rasteja sobre a terra, nos quais há um sopro de vida, (Eu dou) <> como comida toda vegetação. E assim aconteceu."

Toda vegetação: 1ª ocorrência de *yerek* (verde) a ser distinguida do *dechê* (v. 11). Do verbo Y.R.K = cuspir; a erva é um lançamento da terra. Note-se a diferença deliberada entre *essev* (erva) para o humano e *yerek* (erva verde) para o animal. Além disso, o animal não recebe frutos da árvore. Obviamente que esses versículos devem ser entendidos simbolicamente (como o faria a girafa?). Os seres humanos recebem uma alimentação mais elaborada devido ao seu estatuto na Criação.

Mais tarde, depois do Dilúvio, quando Deus concede o consumo de carne, o versículo diz precisamente (Gn 9,3): "Todo o réptil que vive será alimento para vós (humanos); como erva verde (*yerek essev*), Eu vos dou <> tudo". Encontramos o *yerek*, mas já não encontramos o fruto da árvore. Através do consumo de carne, o homem é mais animalizado[60]. Note-se que nenhuma atividade cultual (oração, oferta) é expressa pelo Homem. Temos de esperar por Caim no cap. 4.

---

[60] Pode-se explicar as regras da *Kashrut* como limitação do consumo de carne.

V. 31: E considerou *Elohim* que tudo que havia feito, era muito bem. E houve tarde e houve manhã: sexto dia

Tudo o que Ele havia feito: A visão global do Criador sobre os 6 dias, o arquiteto diante sua obra. Note-se que o versículo não utiliza aqui o *ki tov* habitual. Deus só considera o que *Ele fez*; pois o Homem não é *feito*, mas para ser feito. Adam está, por enquanto, apenas na fase de criação.

Muito bom: Adição do advérbio *meod* "muito". Rashbam: "Ele olhou e observou toda Sua obra, se havia alguma coisa para organizar, e eis que tudo era belo e em ordem". Linguagem antropomórfica de humildade atribuída a Deus. Ele faz uma visita final à casa antes de entregar as chaves ao Homem. Radak: *meod* traduz o valor acrescentado do humano para a criação divina. Uma leitura midráshica pode apoiar essas leituras porque as letras *meod* formam *adam*[61]. Esse sexto dia corresponde ao terceiro. Pois, no terceiro dia, as plantas e depois as árvores de fruto germinam, e, no sexto dia, os animais e depois o ser Humano. O paralelo entre o justo e a árvore frutífera será uma constante bíblica.

Sexto dia: Por que o artigo? O Midrash responde: "Deus fez depender a manutenção dos céus e da terra da aceitação da Torá no *sexto dia* de sivan (dia da revelação do Decálogo)". Radak vê o artigo como o anúncio do fim do processo de criação[62].

Conclusões do 1º Capítulo

Deus Criador

A Torá é inaugurada pelo ato de fé que Deus criou os céus e a terra. O hebraico não está interessado na criação prévia, a anterioridade, o alef absoluto (א) permanecerá para sempre inacessível ao pensamento, à linguagem. O próprio começo é apenas um começo, relativizando ainda mais essa absolutização.

---

[61] Entre as leituras midráshicas estão: 1) "*tov* é a boa inclinação, *meod* é a má inclinação". 2) "No Sefer Torá do Rabino Meir foi *tov mavet* 'boa morte'". A intenção aqui não é comentar o Midrash, mas note-se que os rabinos não idealizaram o homem ou a sua condição original. Desde o início, o homem está dividido entre o bem e o mal, e está "programado" para morrer. A única questão é como fazer da sua existência uma verdadeira vida perante Deus°?

[62] Em francês, para anunciar o fim de uma contagem, acrescentamos "e": 1, 2 e 3. Cf. Gn 2,2 "o 7º dia" e Lv 22,27: "o 8º dia" da preparação para inauguração do santuário.

Abertura por *beth* (ב), fechado em 3 direções e abertura apenas na direção da leitura, a direção da História[63]. *Beth* é 2: o Criador e a Sua criação; uma criação em si mesma dual: os céus e a terra. O 1, incognoscível, inexpugnável, inefável; cria o 2. O triângulo traduz a imagem geométrica da ética bíblica: Deus - o Um - o Outro.

O ato de criação, que só Deus realiza (o homem não cria, transforma), coloca a separação radical entre o Criador e o mundo, uma separação que nunca é ultrapassada. Isso não significa que o Criador esteja ausente, ou que ele se torne um "pensamento que se pensa a si próprio".

Todo o primeiro capítulo exprime justamente a ação divina. Em sua linguagem, a Torá descreve a colocação da terra; os céus são certamente mencionados, mas não descritos, a revelação diz respeito ao "submundo".

Aquilo a que rapidamente chamamos os "seis dias de criação" deveria ser chamado com mais exatidão de "seis dias de colocação em ordem". É um *seder*, um cosmos.

A ideia de *reshit*, princípio, mesmo que relativa, inaugura uma orientação do tempo. Já não é cíclico, de acordo com as tradições fatalistas, mas orientado para uma finalidade, *a'harit*, um derradeiro "depois". Para os profetas, não é o fim do mundo, mas o fim de uma era para uma nova era.

Do caos a um mundo habitável

Depois de apresentar *o cartão de visita de Deus como* "Criador dos céus e da terra", o capítulo 1 apresenta a ordenação do caos original até à criação do primeiro casal num mundo habitável para eles.

O verbo "criar" *bará* é mencionado em 3 versículos. Embora o primeiro (v.1) possa sugerir a criação *ex-nihilo*, os outros dois contestam essa leitura (v.21 e v.27); é suficiente para o crente posar que só Deus é o sujeito dessas ações.

Além do verbo *criar*, encontramos *dizer, separar, nomear* e *fazer*. Mais uma vez, não sejamos demasiado rápidos a afirmar que Deus criou

---

[63] O hebraico, uma língua semítica, é lido da direita para a esquerda.

tudo pela Sua palavra. Ele é mais ativo e envolvido do que isso. É tanto um arquiteto como um trabalhador da construção civil.

Esse canto da Criação tem um refrão, repetido seis vezes: "Houve noite, houve manhã, dia *n*". Com exceção do segundo dia, o texto menciona a declaração divina no final de cada yom "dia" por *ki tov* "que era bom". No final do sexto dia, antes do Seu Shabbat, Deus até dá a Si próprio *um muito bom*, dando a imagem de um mundo totalmente viável.

O Movimento de diferenciação

Um dos efeitos do movimento criativo é expresso na diferenciação, a separação. Tudo começa com o indiferenciado, com a mistura de identidades, e depois Deus separa a luz da escuridão, as águas de cima das águas de baixo. Com os vivos, Ele cria a sexualidade desde as plantas até ao humano, masculino e feminino. E conclui separando os seis dias do Seu trabalho do Seu dia de Descanso (Shabbat). Ele separa, assim, espaço, tempo e seres. A Bíblia está atenta à confusão.

Mas cuidado, a separação não é uma ruptura![64] A nomeação inaugurada por Deus sugere que as identidades terão de se encontrar, para se chamarem umas às outras. Tal será o papel do homem, a sua vocação: nomear Deus, nomear os animais, nomear o seu próximo, igualmente expressões de amor pelo Criador e pelas Suas criaturas.

A noite e o dia

Uma fórmula dá ritmo ao trabalho de pôr as coisas em ordem: "houve uma noite, houve uma manhã" que pode ser traduzido como "houve mistura, houve visita". Essa polifonia hebraica deriva de uma lógica pragmática: nos velhos tempos, quando o dia se misturava com a noite, a visita, o encontro com o rosto do outro, tornou-se impossível. O tempo de intimidade e descanso familiar após um trabalho árduo começou. Mas de manhã, o movimento tornou-se novamente possível, e o encontro com o outro, o concidadão, o amigo ou o desconhecido, foi inaugurado uma vez mais.

---

[64] O Evangelho conhece o diabo, o divisor que recusa a unificação.

Passando ao nível do pensamento religioso, o que significa essa alternância de noite e dia, escuridão e luz? Será que a Torá não sugere que na criação divina permanecem partes da escuridão, partes do caos primitivo, partes de violência também? Seria este mundo, descrito no final do capítulo *como tov meod* "muito bom", o mundo perfeito ou, mais precisamente, o melhor mundo possível? O homem aparecerá então como o continuador da ordem divina.

Vocação do Homem

Descobrimos que o ser humano é dual, mas na paridade e na complementaridade. Cuidado novamente com a leitura ideológica: a mulher inferior ao homem, menos próxima do divino do que o seu cônjuge. Nada do gênero no texto literal. Pois o casal, masculino e feminino, procedem de Deus. Ambos brilham do *tselem Elohim*, ambos são Adão (nem as plantas nem os animais recebem essa distinção). Quanto à diferença sexual, ela traz a bênção divina para que a história continue, para que a imagem divina seja transmitida aos seus descendentes, quaisquer que sejam os avatares, e para que eles administrem o mundo juntos o melhor que puderem. Digamos que esse modelo ideal, sujeito a sujeito, representa o modelo do casal messiânico.

Uma narrativa não científica

Como temos dito frequentemente, a Torá não é um livro de ciência, mas de consciência. O significado literal apoia essa afirmação. De acordo com uma escritura "científica", os céus, o sol, a lua e as estrelas teriam sido criados no primeiro dia, o que teria dado um sentido ao dia em relação à noite, ou ao dia de 24 horas. No entanto, as estrelas aparecem e tornam-se ativas no 4º dia. A leitura fundamentalista (6 x 24 horas) é aqui minada. Tanto mais que o *yom* pode designar o dia em relação à noite ou um dia completo. E se tivéssemos de começar a contar de acordo com a astronomia, seria a partir do 4º dia!

De fato, o escriba quer propor 2 ciclos de 3 dias: da luz às árvores, e das luminárias aos seres humanos. E Shabbat, o 7º dia, como a coroa de glória da Obra.

Mas por que 6 dias? Deus não poderia ter criado e organizado tudo num instante?⁶⁵Tudo teria sido dito no primeiro versículo e teríamos passado para a história do jardim do Éden. Inquestionavelmente, o autor quer sublinhar toda a atenção divina para o Seu mundo, o Seu amor. Ele toma seu tempo; por exemplo, no terceiro dia, completa a tarefa deixada pendente no segundo dia. Se Deus investe tanto tempo, é antes de mais para que o Homem possa cuidar do mundo de Deus, mas também para ensinar que se o mundo não for feito num dia, a realização da vontade de Deus exigirá muita paciência, erros e reparações.

Mas será que o relato do trabalho do início termina com o v. 31? E se o início do capítulo 2 tiver uma conclusão diferente?

---

[65] De certa forma é o que diz o texto (Rashi).

CAPÍTULO II
BERESHIT / GÊNESIS
Tradução Comentada

V. 1: E foram concluídos os céus e a terra, e todo seu exército.
Concluído: **K.L.H.**[1] significa "terminar, completar". Do ponto de vista de Deus, o mundo está acabado. As leis da física, química, biologia, etc. estão em vigor. Eles continuarão, sem a adição de novas regras. A evolução, a erosão, será o resultado de um jogo de forças. Os próprios milagres podem ser entendidos como dados da realidade expressa de acordo com as circunstâncias. Somente um mundo estabilizado garante a liberdade.

Seu exército: Exército de glória, não de guerra, que designa as forças naturais que obedecem ao Rei do Universo. O vento, os rios, os elétrons, as estrelas, mas também o batimento cardíaco ou a respiração; do infinitamente grande ao infinitamente pequeno. Servir a Deus é ser alistado em Seu exército.[2]

V. 2: E terminou *Elohim* no sétimo dia, Seu trabalho que fizera; e Ele descansou no sétimo dia (de) todo Seu trabalho que fizera.
Ele terminou: Novo verbo para Deus "Ele termina", ou seja, Ele decidiu terminar.
No sétimo dia: não será escrito "houve noite, houve manhã, sétimo dia", porque não houve realização.[3] Por outro lado, Deus cessa no

---
[1] A mulher casada é chamado *kalá* porque completa o homem. Um midrash diz: "o céu e a terra eram casados".
[2] Cf. Ex 12,41, uma ideia retomada com o "Exército da Salvação".
[3] De acordo com a tradição judaica, a humanidade está no 7º dia. Para a fé cristã, Jesus inaugura o 8º dia.

7º dia, ou seja, a partir do 7º dia. Essa cessação voluntária significa a entrega da terra ao homem para frutificar, multiplicar-se, encher e administrar. O Shabbat de Deus abre a história humana.

Seu trabalho: Deus não trabalha (A.V.D), mas Ele faz a obra[4] (*melakha*), uma expressão dobrada aqui. O verbo *fazer* substitui o verbo *criar*, e prepara o *fazer* do Homem, que *fará* e *será feito*.

Ele descansou: o verbo SH.B.T. significa *cessar* (Gn 8,22), mas pode ser traduzido, no sentido antropomórfico, que Deus *descansa* de Sua obra.[5] Esse Shabbat estabelece a semana de sete dias, que se tornará a semana universal[6] (*sétima* em latim). Ela representa ¼ do mês lunar. Na Bíblia, 7 simboliza a harmonia.

Esse versículo dá 2 informações (2 verbos): 1) O mundo contém todas as suas leis de funcionamento e evolução 2) O Shabbat marca a descanso divino que prepara o Shabbat de Israel (4ª Palavra).

Seu trabalho. *Todo Seu trabalho*: Deus completa Sua obra, não toda Sua obra, pois o Homem terá que completar o mundo. Mas em relação a Sua ação, Deus completou toda Sua obra.

V. 3: E abençoou *Elohim* <> o sétimo dia e o santificou, porque naquele dia Ele cessou de todo o seu trabalho que havia criado para fazer. (P).

Ele abençoou: Deus abençoou um dia, enquanto no capítulo 1 Ele abençoava os seres vivos. Benção significando continuidade de vida, e esse 7º dia se torna uma fonte de vida, como o mar ou uma terra fértil. O espaço e o tempo tornam-se lugares da presença divina.

Ele santificou: Este novo verbo K.D.SH "santificar", atribuído a Deus, transmite a dupla ideia de separação da ordem natural e elevação (não confundir com a separação mencionada em Gn 1,3). A palavra "natureza" (*teva*) não se encontra na Tanakh, mas "os céus, a terra e todo o seu exército" constituem essa natureza, que não é santa, mesmo que proceda Daquele declarado Santo (Lv 11,44; Is 6,3, etc.). A tradição o chamará de '*hol* "*profano*" (o mundo *da areia*). O abençoado Shabbat de

---

[4] - *Melakha* feminino de *malakh* = emissário, anjo, trabalhador.
[5] Ou ainda: "repousa (re-pousa) sobre o - Homem".
[6] De acordo com a Organização Internacional de Normalização (ISO).

Deus constitui um não lugar no lugar e um não tempo no tempo. Esse dia abre uma experiência espiritual para um povo inteiro, convidado a viver, coletivamente, um encontro com o Transcendente.

Isso não exclui o fato de que esse sétimo dia, colocado no início da História, oferece a todas as identidades coletivas nascidas em Babel a possibilidade de viver *seu* Shabbat[7].

Ele criou: a sétima e última menção do verbo *criar* desde Gênesis 1,1. Perfeição da obra. Se a tradição judaica tivesse que colocar o fim desse capítulo, ele estaria aqui.[8]

Todo Seu trabalho: Se é difícil definir em que consiste o Shabbat de Deus (Ele se deleita em Seu trabalho?), esse dia se tornará para o Judaísmo o modelo do mundo que virá (*ôlam habá*).

Ele criou para fazer: Este último versículo se refere ao primeiro (Gn 1,1). *Elohim criou* e *fez* o que Ele queria criar e fazer; cabe ao Homem continuar *a fazer*.

V. 4: *Estas (são) as origens dos céus e da terra, quando foram criados; quando fez YHWH - Elohim (a) terra e (os) céus.*

Estes: No plano literal, observemos essa observação do midrash: *elê* "estes" marca uma ruptura textual com o que precede, *vê-elê* "e estes" acrescenta ao texto anterior[9] sendo o "e" (ו) uma letra de ligação. Aqui o Gn 2,4 é uma cesura ou pausa. De fato, note-se algumas mudanças: o duplo YHWH - *Elohim* substitui *Elohim*; os animais, depois a mulher aparecem antes do homem; é ordenada uma Lei relativa ao consumo.

A crítica bíblica vê dois autores diferentes. Que assim seja! Mas como podemos compreender a coerência de um texto contínuo que aceita essa descontinuidade? Os compiladores da Bíblia estavam, naturalmente, cientes dessas contradições internas. O capítulo 2 nos convida a uma nova leitura: a passagem do ideal para o real.

As origens: *Toldot* "nascimentos, iniciação" designa a História no sentido bíblico; não a dos acontecimentos, mas a da consciência moral.

---

[7] No último versículo do *Lekha dodi* (canção de boas-vindas ao Shabbat), os fiéis se voltam para a porta. O particularismo de Israel não está separado do universal.
[8] A divisão, em capítulos, é de Stephen Langton, Arcebispo de Cantuária (1227), ver nota 42. Na leitura cristã, Jesus é o novo Adão (o feminino é eliminado), daí a cesura em Gn 1,31. Na leitura judaica, é o Sábado que coroa a Criação.
[9] Por exemplo, Rashi em Ex 21,1.

Como "o Façamos o Homem" acontece? Este termo[10] aparece quando uma relação humana é construída, onde se joga[11] um sucesso fraternal.

Os céus e a terra: Sem dúvida, essas origens dos céus e da terra se referem aos mitos do Oriente Próximo. A Torá a integra em seu próprio mito para dizer que a história do universo se resume em resolver a questão de viver em três: Deus, o um e o outro. Essa é a única questão histórica válida para o Hebreu.

Em sua criação: Repetição do verbo "criar". No livro da Torá, há uma anomalia na palavra[12] "em sua criação": a letra *he* (ה), escrita menor, está suspensa na linha superior (*be*ʰ*ibaream*), o que sugere a leitura, após permutação das letras, "para Abraão". Por alusão, a figura do patriarca justifica a criação do céu e da terra.

Em um dia: Os 6 dias do capítulo anterior são reduzidos a 1 dia (relatividade do tempo). A obra divina é agora estendida pela ação humana.

Ele fez: Depois o *criar,* o *fazer,* a mesma lógica que em Gn 2,3.

YHWH - Elohim: Texto Javista em vez de eloísta, diz o cientista que se ocupa mais com a estrutura do que com o significado. Que assim seja! Mas o crente no texto (uma forma de acreditar em Deus) quer compreendê-lo e viver com ele. Qual é então o significado da irrupção dessa duplicação? Só *Elohim* apresenta o Deus onipotente da natureza, YHWH acrescenta a dimensão moral que carrega outra palavra que não as leis do mundo[13]. "Na natureza, Deus impõe, na moralidade, Deus propõe"[14].

Terra e céu. Nenhum artigo, ao contrário do Gn 1,1. O espaço e o tempo são, portanto, indeterminados, já que o Homem lhe dará um bom ou mau gosto. Outra observação: o versículo começa com "céu e terra" e o verbo criar, e termina com "terra e céus" e o verbo *fazer*. O meio do verso *beyom* "em um dia" marca a passagem do mundo de Deus para o

---

[10] 13 vezes em todo a Tanakh, 13 = valor numérico de *ehad* "um" (1 + 8 + 4). Se houver unidade, há *toldot*.
[11] Cf. o nosso livro sobre *Fraternidade,* nº 17 da Coleção Judaísmo e Cristianismo.
[12] Em francês, a conjunção de coordenação, artigo e substantivo são separados. O hebraico tem uma escrita compacta que reúne prefixos e sufixos em torno da raiz, daí os traços. Permanecemos na escrita ética.
[13] As leituras midráshicas e cabalísticas são numerosas, mas aqui escolhemos o significado literal.
[14] Segundo nosso mestre o grande rabino Meyer Jaïs: *zal*.

mundo do Homem. A partir de então, Deus será "percebido" do lado da terra, não mais do céu.[15]

V. 5: E cada arbusto do campo antes de estar na terra (*erets*), e cada erva do campo antes de brotar. Pois o Senhor Deus não tinha feito chover sobre a terra (*erets*); e de *Adam*, não para trabalhar o solo (*ha-adamá*).

Arbusto: *Sia'h* significa um arbusto frondoso. Significa também "conversação".[16] A planta carrega uma palavra silenciosa, traço da palavra divina expressa à terra para que a grama cresça[17]. Assim, o movimento criativo pode ser entendido não como a aparência da vida (leitura naturalista), mas como o surgimento de uma palavra cuja forma final será a da relação autêntica entre sujeito e sujeito: a palavra que faz viver os outros (leitura moral).

O campo: 1ª ocorrência de *sadê*, lugar de natureza não domesticada, lugar de força bruta, de animalidade. O primeiro assassinato ocorre em um campo (Gn 4,8). O primeiro capítulo utilizou apenas a palavra *erets*, um espaço comum para plantas, animais e o ser humano. O segundo capítulo especifica os lugares e identidades.

Antes de: Repetição de *terem* para arbusto e grama. Sem crescimento, sem germinação, enquanto o primeiro capítulo revelou uma vegetação generosa. Rashi, Radak comentam que as plantas estão potencialmente no chão. Também podemos responder que o que é realizado do ponto de vista divino (Gn 1) é para ser realizado do ponto de vista humano. "Seja feita a Vossa vontade assim na terra como no céu".

Ele não tinha feito chover: Quando os franceses dizem no indeterminado *il pleut*, o hebraico acrescenta um I maiúsculo, para determinar que *Ele* (Deus) faz chover. Jogo de palavras por permutação entre *terem* טרם (antes de) e *matar* מטר (chuva). Sem chuva não há vegetação.

E nenhum Adam: Na ausência do Homem, Deus retém as águas do alto. O Criador espera Sua criatura última para colaborar: as chuvas do céu (a parte divina) e a obra da terra (a parte humana).

---

[15] Por exemplo, a violência tão frequentemente mencionada e criticada na Bíblia é entendida como a projeção do homem para Deus. O Homem se contagia por Deus, quando Deus não se contagia pelo Homem.
[16] Em hebraico moderno, *si'há* é praticada.
[17] Em hebraico, *davar* significa "coisa" e "palavra".

O adam: Neste capítulo 2, *ha-adam*, o homem sempre com o artigo. O humano, pai dos humanos.[18]

Para trabalhar: 1ª ocorrência de A.V.D. "trabalhar", cujo tema é sempre o homem, nunca Deus. Significa transformar a natureza, dar-lhe uma nova forma, impedi-la de permanecer como ela é. A etimologia latina do trabalho se refere à *tortura* (*tripalium*); em hebraico, o termo tem um significado nobre. O trabalho aparece antes da falha, ele expressa a dignidade humana[19].Por extensão, *avodá* se refere ao culto do Templo, depois à oração "ao serviço do coração".

A gleba: O homem terá de trabalhar a terra, a sua matriarca, da qual será tirado no v.7. O verso começa com *erets* (espaço terrestre) e termina com *adamá*

V. 6: Mas uma exalação subia da terra (*erets*) e regava <> toda a superfície do solo (*ha-adamá*).

Mas: Por vezes, vav (ו) marca a oposição "mas", em vez da conjunção "e".

Exalação: Vapor de água. Deus espera pelo Homem, mas mantém a natureza como numa estufa. A palavra *Ed* (אד) traz as 2 primeiras letras de *adam* (אדם) e *adamá* (אדמה). O homem e a erva estão à espera de nascer.

Subia: verbo no pretérito imperfeito, mas denota um presente constante[20]. Na falta de águas vindas de cima, a terra oferece águas vindas de baixo por evaporação.

Regava: dado a beber, cheio de água.

A terra: Novamente o versículo começa com *erets* (que não será usado novamente) e termina com *adamá*, o material da origem do homem.

V. 7: E formou (*vayyitser*) YHWH *Elohim* <> o *adam*, - húmus da terra, - e insuflou em suas narinas um hálito de vida, e o adam se tornou um ser vivente.

Ele formou: Esse capítulo apresenta dois novos verbos de ação para Deus. Como um oleiro[21], Deus forma o adam-homem, a terra (com o artigo;

---

[18] O adam passa a ser Adão (sobrenome) em Gn 4,1.
[19] Veja Sl 104, 23 ou 128,2.
[20] Ex 3,14: Eu serei quem serei = Eu sou aquele que é.
[21] Jr 18,2.

não um sobrenome). O masculino aparece antes do feminino, sem simultaneidade. Cada detalhe morfológico, cada músculo, cada órgão, traduz a sabedoria do oleiro divino. Observe seu corpo e experimente o êxtase da felicidade: "Quão grandes são suas obras, ó Eterno", grita o salmista[22].

O verbo *vayyitser* é escrito com 2 *yods* (y). Essa anomalia gramatical leva a muitas interpretações midráshicas. Segundo o *pshat,* a Torá quer marcar a diferença entre o humano e o animal (v. 19).

Húmu*s*: Nós preferimos o *húmus* vital ao pó dos móveis, que é chamado de *avak*. Deus toma o vital *afar* da *adamá* para moldar o homem-*adam*.

Ele insuflou: 2º verbo. Deus não insufla[23] com seus lábios; mas depois de uma respiração profunda, como se para inflar um balão, Ele exala com todo o Seu poder nas narinas desse *golem*[24]. Todos esses antropomorfismos distinguem o homem das plantas e dos animais (que receberam um sopro leve). A cada respiração respiramos, o fôlego divino até dar-Lhe nossa alma.

O hálito da vida: *Neshamá, nefesh* refere-se ao *pneuma*. É através desse hálito divino, não através da luz, que a vida é oferecida em pura graça. *Neshama* refere-se à respiração pura, e, por extensão, à respiração (*neshimá*). A língua hebraica não conceitualiza, nem espiritualiza[25]. Sua fé em Deus, de genuíno fervor, é expressa numa linguagem da terra, o lugar onde Deus quer residir e reinar[26]. Os termos *neshamá* e *nefesh* são, portanto, entendidos a partir do real, e não por definições filosóficas, teológicas ou místicas, que o significado literal não conhece.

Cuidado! O fato de esse nascimento ser realizado em um versículo não significa o imediatismo do processo em um tempo *x* ou *y,* os seis dias do Princípio foram de fato reduzidos a 31 versículos. Essa observação significa que, em um nível literal, a concepção evolutiva não é blasfematória. Deus não é um mágico, caso contrário não haveria falhas na História.

---

[22] Sl 104,24. Muitas vezes, o homem procura Deus movendo o seu corpo para outro lugar, enquanto Ele está presente em nós desde os nossos pés até à nossa cabeça. Cf. Annick de Souzenelle "La symbolique du corps humain". A. Michel.
[23] Verbo *nafa'h* que dá o *mapua'h* "fole da forja". Cf. o livro original *La Forge de Dieu* de G.N. Amzallag.
[24] Sl 139,16. *Golem* significa um ser sem consciência.
[25] Esse trabalho será feito pelos racionalistas, herdeiros do pensamento grego (Filão/Filon de Alexandria, Maimônides) ou pelos místicos dos essênios até os mestres de Safed.
[26] Ex 25,8, Zc 14,9, etc.

A vida. Em hebraico, *'haim* é sempre plural. Esse é o caso sempre que o Ser divino transborda de graças: *'hassadim* (bondades), *kippur*im (expiações), *ra'hamim* (misericórdias), etc.

Adam: *Adam* não se refere mais ao *demut* (Gn 1,26), mas à *adamá*, o húmus original. O homem de cima e o homem de baixo se reuniram no Humano.

E ele fez: Última menção de *vayehi*, de *vayehi or* "e houve luz". Adam como a culminação do processo criativo.

Ser vivente: Como os animais (Gn 1,20 ou 30); o que não é mencionado para o Homem no 1º capítulo. A *neshamá* divina unida ao corpo torna-se *nefesh* (a psicossomática) que se traduz em instintos, afetos, pensamentos, etc[27]. O homem pertence ao mundo animal. Rashi se surpreende com isso e responde: "mas o homem é dotado de conhecimento e fala". Entendamos que o animal possui uma inteligência e uma linguagem de comunicação para sua sobrevivência individual e coletiva, enquanto o ser humano aprende, inventa, imagina, vai além de sua própria espécie e de sua própria estrutura biológica[28].

V. 8: E plantou YHWH *Elohim* um jardim em Éden, no oriente, e ali colocou <> o homem- adam, que havia formado.

Ele plantou: Deus, o jardineiro. Um jardim a distinguir-se de um pomar. Ele planta um gramado, um relvado. Choveu? Talvez, uma vez que o homem é formado. Qual é a idade dele? Talvez um bebê?

Um jardim: O jardim não se chama Éden, mas está na região do Éden.

Eden: Nome de um lugar, uma região que significa "gozo, deleite"[29]. A Torá quer situar o jardim na terra, não no céu.

A Leste: A raiz K.D.M. refere-se à anterioridade, seja espacial, como aqui, o lugar de onde o sol nasce, ou temporal, ou seja, "antes". O Éden no Leste, o jardim no Oeste. O plano para encher a terra (Gn 1,26) pa-

---

[27] O sentido literal, tal como a ciência, pode falar de almas instintivas, afetivas, intelectuais, etc. "A alma é uma só, mas as suas funções são muitas" (Maimônides).
[28] Yuval N. Harari em *Sapiens* diz que o animal carrega o seu programa de vida no seu DNA, enquanto o ser humano tem de aprender a viver. Erasmus: "não se nasce homem, torna-se homem".
[29] "Vale", em acádio.

rece ser colocado em espera. O homem deve primeiro passar por um jardim (de crianças)?

Ele colocou: Deitado suavemente (Gn 22,9 ou Ex 2,3). Deus coloca gentilmente Sua criatura no gramado (uma manjedoura).

Ali: Deus se distancia do homem. *Papai* colocou seu *pequeno Adam* no jardim, Ele virá buscá-lo mais tarde[30]. Pergunta: qual é o estado da terra fora do jardim? Um mundo selvagem, animal, indomado?

V. 9: E fez YHWH *Elohim* crescer do solo toda árvore, desejável de se ver e boa de comer; e a árvore da vida (*haim*) no meio do jardim, e a árvore do conhecimento do bem e do mal.

Ele fez crescer... árvore: Deus transforma o jardim em um pomar, a partir da mãe terra do *adam*. A adama tem vida.

Toda árvore: Coletivo singular. Nem os animais nem as árvores têm nomes. Será o Homem, de acordo com sua percepção da realidade, que usará seu conhecimento e linguagem para nomear a flora e a fauna.

Desejável de se ver: Verbo 'H.M.D. "desejar"[31]. O desejo dos olhos não é ilícito no domínio do permitido[32].

Boa de comer: *Tov*, aqui ligado ao bom gosto, ou talvez à qualidade das frutas. Cada árvore participa da viabilidade da criação (cf. Cap. 1). Prazer (*eden*) dos olhos e das papilas gustativas. A generosidade divina.

A árvore da vida: segundo Radak, uma árvore que reforça a vida, já que o homem que come é mortal. Vida renovada ao invés de vida eterna.

A árvore do conhecimento: Para o autor, o nome dessas duas plantas não importa. Para ele basta que o solo produza, por bênção divina, árvores bonitas, boas e com várias virtudes. Como podemos compreender esse conhecimento *do bem e do mal*? Duas interpretações tradicionais: 1) A árvore induz os efeitos cognitivos de um conhecimento do bem ao mal, ou seja, da totalidade da realidade. 2) A árvore desperta a sexualidade, o verbo *daat* designando a relação íntima (Gn 4,1). É verdade que a ciência e a sexualidade podem carregar os maiores impulsos

---

[30] *Sham* próximo de *Shem*. *Ali* = local onde o nome *shem*) será chamado, *Po*: aqui, o lugar da boca (pê) que fala o nome. Mais uma vez a escritura ética. Ver nota 33.
[31] Idem com Maomé "Desejado, Amado (de Deus)".
[32] 10ª palavra: "Não desejarás a casa do teu próximo".

do amor e as piores perversidades. Nessas duas leituras, conhecimento significa intimidade intelectual, afetiva e física.

Sendo o singular valendo como plural, pode haver um conjunto de árvores da vida, no centro (um bosque), e ao seu lado (texto ambíguo) um conjunto de árvores do conhecimento do bem e do mal. Essa hipótese não põe em questão o que está em jogo na história.

O bem e o mal: Primeira ocorrência de *rá* "mal", o oposto de *tov*. O *bem* se situa do lado da vida, e contém a ideia de prazer e felicidade; o mal se opõe a ele.

O texto confirma que a obra de Deus ainda não terminou, que ainda existem vestígios do mal, "algures", do caos primordial, do qual Deus quer proteger o homem, sem o poder impedir. Esse versículo prepara os eventos que virão.

V. 10: E um rio saído[33] do Éden para regar <> o jardim; e de lá se dividia formando quatro braços.

Um rio: Interlúdio descritivo. A exalação deve ter sido completada pela chuva. Agora um rio que corre do Leste brota da região do Éden para regar o jardim, com suas árvores. Deus rega seu pomar. Ele prepara o lugar para o jovem Adam, que *sentado* lá fora (é quem se alimenta de rebentos?)

Quatro braços: "4", um dos números simbólicos da Bíblia, como 3 ou 7: as 4 matriarcas, as 4 direções do acampamento dos Hebreus, as 4 espécies da festa das Tendas ou as 4 letras do tetragrama. Ideia de estabilidade. Também existe em negativo: as 4 bestas das das visões de Daniel. O 1 (א) que se torna 4 (ד) dá *ed* "a exalação".[34] Deus melhora, organiza seu pomar, antes da ação do Homem.

V. 11: O nome de um (é) Fison; ele circunda <> a terra de Hévila, onde há ouro

Fison: O Nilo de acordo com Rashi e os samaritanos. Para outros, o Indo.

Hévila: Hévila, um dos territórios dos descendentes de Sem (I Cr 1,23).

---

[33] No texto, trata-se de um particípio presente "saído".
[34] Em hebraico, cada letra tem um valor numérico. As primeiras 9 letras correspondem às unidades, as próximas 9 às dezenas e as últimas 4 (22 letras) correspondem às centenas.

V. 12: É puro o ouro dessa terra na qual se encontram o cristal ou a pérola, e a *pedra de ônix (shoham)*.
Ouro: Um dos materiais do santuário do deserto.
Shoham: Pedra preciosa colocada na couraça do sumo sacerdote (Ex 25,7).

V. 13: E o nome do segundo rio (é) Geon; ele circunda <> a terra da Etiópia.
Geon: Talvez o Nilo azul da Etiópia. Esta palavra será encontrada novamente para a "barriga" da serpente. Um rio sinuoso.

V. 14: E o nome do terceiro rio: Hiddekel (Tigre); vai para o leste da Assíria; e o quarto rio é o Eufrates.
Hiddekel: O Tigre, sempre seguido pelo Eufrates, a terra natal de Abram. O que pode significar esse interlúdio geográfico na narrativa? Ao mesmo tempo em que Deus prepara o pomar, Ele prepara o mundo exterior. Após sua formação no "jardim das crianças", o homem (e a mulher) sairão para encher e administrar a terra.

V. 15. Tomou YHWH Elohim <> o homem, e o colocou no jardim do Éden; para o cultivar e o guardar.
Tomou: O homem tinha sido colocado suavemente no jardim exterior - o presépio - enquanto Deus preparava o pomar interior. As árvores cresceram, assim como Adão. Ele passa para a próxima série e aprende a responsabilidade. "Tu serás um homem, meu filho!" Segundo Rashi, Deus o *leva* "com palavras suaves", o *pshat* o aceita (cf. Nm 16,1). Não apresse a juventude!
Para o cultivar: De acordo com a gramática, trata-se de trabalhar *a terra*, e não o *jardim*[35]. Adão deve continuar o trabalho divino, trabalhando sua *terra*. Não uma terra santa, mas grávida de suas potencialidades. Ao trabalhar essa *adamá* externa, Adão também trabalha sua *adamá* interna.
Para o conservar: Preservar o trabalho feito tanto quanto a terra original. Proteger o jardim do mundo exterior, do qual nada sabemos.

---

[35] Como em francês e português *adamá* 'terra' é feminino, *gan* 'jardim' é masculino.

Trabalhar e manter, a fórmula de ontem para o imperativo ecológico de hoje!

Adão não é mais uma criança, ele se torna responsável pelo desenvolvimento de seu território. Ele experimenta neste pomar sua vocação antes de encher a terra.

V. 16: E ordenou *YHWH* Elohim a *adam* para dizer: "De toda árvore do jardim, comer, tu comerás".

Ordenou: 1ª ocorrência do verbo "ordenar" que dá *mitsvá* "mandamento". A bênção do primeiro capítulo, que convidava a consumir sem limite[36], torna-se aqui uma *ordem* para comer de tudo. A criação inteira é uma bênção, um sinal do amor de Deus.

Nesse capítulo, Deus fala apenas aos humanos, não à terra ou às águas. Deus não fala mais ao instinto, mas à consciência. O instinto estabelece uma relação direta entre a pessoa que come e o comido; mas na ética monoteísta, entre um e o outro está a Presença (cf. Gn 1,1)[37]. Sempre o 3. A partir daí, o prazer se torna uma mitsvá.

De toda: se o homem limita seu consumo (por mortificação, abstinência), ele nega todos os dons de Deus.

Para dizer: O homem se torna responsável pela transmissão da palavra divina, pois Deus não se repete. O homem, *zakhar*, guarda a memória e grava o futuro. Acrescentemos que a proibição não deve trancar o homem num silêncio, mas tornar sua palavra dinâmica, acolhedora[38].

Ambiguidade do texto: deve ele dizer à mulher a *mitzvá* que recebeu para si mesmo, ou deve envolver a mulher nessa *mitzvá*?

Comer, tu comerás: forma idiomática. O infinitivo expressa a permanência; o tempo futuro deixa a escolha para o futuro. Total desfrute.

V. 17. Mas[39] da árvore do conhecimento do bem e do mal,[40] dela não comerás; porque no dia em que dela comeres, morrer, morrerás!

---

[36] O limite era evidente pela presença do masculino e do feminino. Na convivência autêntica, há evidências de compartilhar a bênção.
[37] De acordo com o rito, o crente abençoa a Deus antes de comer.
[38] O verbo A.M.R. é linguagem maternal, D.B.R, paternal.
[39] Vav "e" pode também indicar a oposição "mas".
[40] Vamos especificar que essa última árvore não é confundida com a da ciência, o caminho para descobrir a sabedoria divina no universo. Deus não é anticiência! O Gaon de Vilna (século XVIII) disse: "um pouco de ciência afasta-se de Deus, mas muito O aproxima".

Não comerás: Como existe uma *mitsvá* de prazer, de conhecer pela boca, de incorporar *do outro*; então a limitação do prazer - princípio da Lei - parece necessária e vital; vital para o outro e para si mesmo também[41]. "Ama o mundo como Deus ama Seu mundo, deixando-te comê-lo", já que Deus não ocupa a totalidade, mas faz o Shabbat, descanso, para manter a alteridade do amor. Essa árvore do conhecimento representa a *parte de Deus*, que a serpente irá enfatizar. Comer tudo seria tomar a si mesmo por mais do que Deus. A proibição não é uma frustração, mas sim uma estruturação.

Morrer, morrerás: Contrapartida idiomática para "comer, comerás". De qual mortalidade se trata, se Adão entende o significado? Evitemos a ideia de que o homem seria imortal, uma vez que come para sobreviver. Será ele atingido por um raio? Ele viverá 930 anos, no calendário bíblico. Portanto, não há qualquer ligação com a maçã da Branca de Neve. Respondamos que para a Torá, a vida autêntica consiste em viver de acordo com a vontade divina. "Vós, que estais ligados ao Senhor, vosso Deus, estais todos vivos hoje" (Dt 4,4). E aqueles que não estão apegados a Deus e cometem erros não vivem felizes em seus erros?

Desobedecer a Deus consumindo a parte do outro é morte imediata (a própria ou a do outro). Mas ao acrescentar "morrerás", o texto sugere uma morte diferida, deixando a possibilidade de voltar à vida através do arrependimento, *teshuvá*.

Em 18 palavras[42], tudo é dito sobre a mensagem de vida da Torá e dos Profetas. À medida que as falhas ocorrerem, a palavra será amplificada, mas sem nunca negar nada. O homem é silencioso, ele aceita. Mas será que ele entendeu o alcance da mensagem? Quando Deus fala, o que o homem entende?

V. 18: E Ele disse YHWH *Elohim*: "Não é bom que esteja o homem só, far-lhe-ei uma companheira frente a ele".

Ele disse: Em Gênesis, Deus às vezes fala a si mesmo. Nesse capítulo, Deus ajusta Seu mundo. No capítulo 1, Ele sabe e faz; no capítulo 2, Ele faz tentativas.

---

[41] Pensemos no alcoólatra ou no toxicodependente que sofre com o seu prazer.
[42] Valor numérico da '*hai* "vida".

Não é bom. Não é ruim - alguns escolherão o celibato - mas o movimento da vida terminará aí. A *outra* permitirá ao homem deixar sua solidão, e assim a Lei fará sentido. Deus não quer um selvagem bom, piedoso e isolado, mas o encontro dos seres e seus desejos.

Far-lhe-ei: não "faremos" em Gn 1,26. Aqui, não há associação com a terra, mas a decisão do Único de tomar uma parte do homem para construir o feminino. A mulher vem do homem – *adam*, não da terra – *adamá*. O homem a conhece sem conhecê-la. Ela é seu futuro, não seu passado. O homem está na idade de se casar.

Ajuda: A palavra *ozer* = doador de força (*oz*).

Uma companheira: um *pshat* ambíguo: criar uma mulher submissa, ou colocar em movimento uma dinâmica dialógica? Com referência ao cap. 1, optamos, positivamente, pela segunda via.

Kenegdo - frente a ele. N.G.D. verbo "contar". A mulher não nasce no erótico, mas no ético. O diálogo dos rostos antes do dos corpos.

Acrescentemos que, na ordem criativa, o ser que vem depois é mais realizado do que o anterior! Idealmente, o homem e a mulher deveriam ajudar uns aos outros a aprender a administrar o desejo. A palavra ajuda a *comer* o mundo. O *como* implica ajustes de desejos, de diálogo. O plano de Deus deve ser assumido por dois testamentos livres.

V. 19: E formou YHWH *Elohim* da terra, todo animal do campo e <> toda ave dos céus. E os trouxe ao homem para ver como os chamaria. E tudo que chamaria o homem à alma viva, esse seria seu nome.

E formou: *Vayitzer* como no v. 7, mas com apenas um *yod*. O mesmo gesto do oleiro moldando animais e pássaros, desse fora do pomar, do campo, do espaço selvagem. Nenhuma menção ao sopro divino incorporado, para marcar a separação do humano.

Todo animal do campo... ave: Coletivo singular. Aqui as aves nascem da terra, não da água. Deus propõe animais como os primeiros parceiros do homem, animais de estimação?

Ele trouxe ao homem: De fora do jardim, os animais entraram no pomar e se apresentaram ao homem[43].

---

[43] Como mais tarde com Noé (Gn 7,9).

Para ver como os chamaria: Deus *quer ver*, observar, a capacidade do homem de nomear. Através da nomeação (semismo), o homem expressa uma inteligência moral.

Esse seria seu nome: O homem tem a capacidade de reconhecer identidades a fim de dar-lhes seu nome correto.

V. 20: E o homem deu nomes a todo quadrúpede e aves dos céus, e todo animal do campo e toda ave dos céus, e para ele (o homem) não achou uma companheira frente a ele. E tudo o que homem chamava, passa a ser seu nome.

Ele deu nomes: Assim como Deus nomeou os primeiros elementos, assim o Homem nomeia a fauna. Sua concepção vem de Deus, seu nome vem do homem.

E não achou: O homem nomeia, mas não é nomeado. Nesse mundo de silêncio, ele se torna consciente de sua solidão. Está ele pronto para um encontro com um ser próximo e diferente?

V. 21: E fez YHWH *Elohim* cair um sono pesado sobre o *homem*, e ele adormeceu; e tomou um dos seus lados, e fechou com carne o seu lugar.

Ele fez cair um sono pesado: Deus é anestesista e cirurgião plástico. A mulher não nasce do solo, mas do homem e no jardim. Ela é mais humanizada. O homem deixa sua androginia.

Ele tomou um lado: segundo Rashi e ibn Ezra, *lado*, em vez de *costela*.

Ele fechou: O lado feminino totalmente separado do masculino. Último ato de separação do Criador.

A carne: O hebreu não conhece "corpo", mas "carne". Nenhuma leitura negativa desse termo, uma vez que se trata do húmus vivo. A mulher se torna uma estranha íntima.

Nem o homem nem a mulher viram sua origem sempre escondida. O além do eu e o além do outro permanecerão inacessíveis.

V. 22: E fez YHWH *Elohim* <> do lado que tinha tomado do homem uma mulher, e a trouxe para o homem.

Ele construiu: A mulher não é modelada, mas construída. Deus, oleiro do masculino, arquiteto do feminino.

Mulher: 1ª ocorrência de *Ishá*. Não é um nome próprio, que será *Hava*, Eva.

Ele a trouxe para o homem: Deus, o casamenteiro. Ele esperou o nascimento do Humano para fazer chover, agora Ele espera o nascimento do casal para cobri-los com Sua bênção.[44]

V. 23: E disse o homem: "Esta, por sua vez, é osso dos meus ossos e carne da minha carne". Pois esta será chamada mulher *Ishá*, porque esta foi tirada do homem *Ish*.

E disse homem: Primeira palavra adâmica (6 palavras) tornada audível pelo texto, ao contrário do v. 20. Essa presença faz o homem falar para si mesmo, não para a mulher. Ele diz que reconhece, dessa vez, um ser parecido com ele por seu esqueleto e fisionomia. Ao contrário dos animais, ele não lhe dá nome. Ele se detém na observação da semelhança. Ela vem dele, assim como ele vem do solo. Ela é o espelho de seu corpo. Sem diferenciação[45] real. O silêncio da mulher.

Ishá...Ish: O narrador (não o *homem*) justifica *ishá* como o feminino do *ish*[46]. No plano moral, *ishá* só existe em relação ao *ish*; não em relação ao *homem*. Em outras palavras, *ish* designa o homem que é capaz de se afastar de sua pátria, bem como do jogo do espelho egoísta, a fim de assumir a relação - sujeito a sujeito. *Ishá* é totalmente *ishá*, mas será que o *homem* se tornará *ish*? Essas nuances nos ajudam a entender o que se segue. O texto é inteligente e inteligível.

Ela será chamada: Se o homem se tornar *ish*, então a mulher realmente se torna *ishá*. E o tríptico Deus, *ish - ishá* será fundado.

V. 24: É por isso (que) deixa *ish* – o homem<> seu pai e <> sua mãe; e se une a sua *ishá*-mulher, e tornar-se-ão uma só carne.

É por isso: sempre o narrador.

---

[44] Sob o dossel nupcial (*hupá*), os noivos são cobertos com o xale de oração, *talit,* que simboliza essa bênção.
[45] Em relação a *vayiven* "Ele a construiu" (a fez), o Midrash joga com *bano* "para construir" e *yavin* "para compreender", ou seja, para distinguir os elementos de um conhecimento. Daí: "Ele deu-lhe mais discernimento (*biná*)". Para a Cabala, o mundo messiânico é chamado de *biná*, "o da distinção das identidades" e o seu reconhecimento mútuo no amor.
[46] Daí as vírgulas invertidas depois de "da minha carne".

Ele deixa: Para que o *homem* se torne *ish*, ele deve deixar a relação de fusão de pai e mãe. Caso contrário, ele continuará sendo o *homem*, *glebeux* (derivado de glebe-terra), a forma aproximada de um humano realizado.

Ele se une: A relação amorosa é chamada de junção (*devekut*). Não é nem fusão nem confusão. Essa união ideal se vive entre homem e mulher, e entre homem e Deus (Dt 4,4).

Uma só carne: "Pela criança" de acordo com Rashi. Mas Radak entende que o casamento constitui a reunião de *ish - ishá*, em sua unidade[47]. O pshat também propõe: "eles se tornam carne d' (Aquele que é) Único"[48]. Deus se revela na unidade do *ish - ishá*[49]. Ou mudando a vocalização *lebassar* para *lebasser*: "Eles se tornam anunciantes do Único". Um casal de sucesso traduz a boa nova de Deus.

V. 25: E ambos estavam nus, o *homem* e sua mulher, e não se envergonhavam.

Eles estavam nus: eles se viam nus, mas não conhecem a vergonha. Versículo preparatório.

O homem e sua mulher: No resto da história, a Torá não usa mais o *ish*. Somente o *ishá* permanece em seu eterno feminino. A ausência de patronímicos torna a história anônima. Será que a relação "sujeito a sujeito" terá sucesso?

Não se envergonhavam: O sentimento de vergonha aparece por volta dos três anos, quando o olhar do outro pode parecer acusatório. Por enquanto, nossos heróis têm a ingenuidade da inocência. O Gaon de Vilna traduz "eles não percebiam"[50] sua nudez.

Conclusão do Capítulo II

O segundo capítulo apresenta um relato diferente do primeiro, certamente de outra escola. Notemos, por exemplo, a adição do tetragrama antes de *Elohim*, e o homem criado sozinho antes dos animais e da mulher.

---

[47] A razão pela qual, segundo os essênios e Shamaï, o divórcio é proibido (idem no Evangelho).
[48] Aqui um *semihut* (complemento substantivo).
[49] A Leitura midráshica da palavra *ish* traz a letra *yod* no centro e da palavra *ishá*, o letra *he* no seu final. Assim, cada um leva em seu nome uma letra do nome divino **YaH** (letras iniciais do Tetragrama: **YH**WH)
[50] Verbo B.CH.CH "perceber" como Ex 32,1.

Nossa abordagem literal toma nota da crítica bíblica, mas para dar-lhe um valor estrutural. Também levamos em conta a exegese rabínica, mas sem cair em uma leitura abusivamente pietista.

Consideramos que, no texto bíblico, o pensamento dos Hebreus está escondido. Esse pensamento não se limita a uma crença no Deus único e a elogiar Sua superpotência (o que os anjos fazem muito bem), mas a propor "um caminho para o homem" (M. Buber). O texto bíblico não nos torna mais religiosos, mas mais humanos.

Shabbat - a coroação da Criação

Esse capítulo abre com o Shabbat de Deus. De acordo com a lógica da Escritura, esse parágrafo deveria ter servido como uma conclusão após o v. 31, uma vez que ele carrega o verbo *criar* pela sétima vez, o número de conclusão.

Após a colocação da terra em ordem em "seis dias", o Criador cessa, não para descansar[51], mas para abençoar e santificar o Shabbat, que se tornará constitutivo da fé e da economia da sociedade de Israel.

O nascimento de homem

O texto apresenta então o nascimento do homem. Antes desse nascimento, o mundo permanece em espera: sem chuva, uma vegetação subterrânea e vapor para umedecer o solo. Então o homem é formado a partir da terra, a *adamá* fora do jardim, como um *golem,* em cujas narinas Deus sopra vida. Como os animais, o homem se torna *nefesh 'hayá* "alma viva", mas com qualidades humanas.

Do jardim ao pomar

Nesse capítulo, o homem não tem nome, ele é apenas *ha-adam* "o *glebeux*" (A. Chouraqui). Ao nascer, ele se assemelha a um ser frágil (feto, bebê) que Deus coloca no gramado de um jardim preparado para

---

[51] Ou então contar com o Homem.

ele. Então Deus faz brotar um pomar com todos os tipos de árvores com frutos bons e bonitos. Em seu coração, estão duas árvores enigmáticas: a árvore da vida e a árvore do conhecimento do bem e do mal.

As duas árvores

Quando Adão cresceu, Deus o colocou no pomar para trabalhar e guardá-lo. Tendo atingido a idade da liberdade (*bar mitzvah*), ele recebe uma dupla ordem de Deus: 1) comer de todas as árvores (mesmo da árvore da vida), 2) não comer da árvore do conhecimento do bem e do mal, porque esse consumo resultaria em mortalidade. Essa injunção dupla obviamente prova que o homem possui livre-arbítrio.

A árvore da vida

Trata-se, no sentido literal, de uma árvore que prolonga a vida contra a mortalidade programada, a degeneração das células. Talvez tivesse sido consumido se o homem e a mulher, após muitos anos, tivessem querido renovar suas vidas. A árvore terapêutica, por excelência: (*torá--peutica*). Essa árvore é o sinal da obediência a Deus.

Comer e conhecer

Viver com *o outro* implica em (re)conhecer o lugar do *outro*. Comer tudo significaria comer a parte desse outro. Mas por que nomeá-la a "árvore do conhecimento do bem e do mal"? Uma oliveira ou uma amendoeira poderia ter desempenhado o mesmo papel educativo? Pois não é apenas uma questão de limitar a alimentação do todo, mas também de não se apropriar dos critérios do bem e do mal. Se o homem come tudo, ele se tomará pelo mestre de tudo (Deus); se ele come o conhecimento do bem e do mal, ele se tornará o referente desses valores. Todos os conflitos entre indivíduos ou nações são alimentados por nossos excessos. Na verdade, Deus quer limitar a violência, caso contrário, amanhã Caim matará Abel.

E Deus criou a mulher

Por mais que o Deus do primeiro capítulo aja de acordo com um plano estabelecido, aqui Ele parece hesitar. Primeiro, Ele vê que não é bom para o homem ficar sozinho, e decide quebrar essa solidão. O encontro com os animais (formados a partir da terra externa) não preenche a falta do homem, que nomeia cada animal, mas não encontra um parceiro autêntico. Deus então faz nascer a mulher, de um lado do homem. O artista divino construirá a carne em uma mulher e depois a apresentará ao homem.

Essa remoção da carne, essa cicatriz memorial, prepara a aliança da circuncisão. Aqui e ali, a mulher aparece no final da falta do homem, a fim de se manifestar contra a capacidade de sobrevivência[52].

Nomes e vocações

Os personagens não têm sobrenomes, mas têm o nome de sua origem: Homem de *adamá,* e *ishá* de *ish*. *Ishá* e *ish* são, foneticamente, complementares. É difícil de transmitir as nuances sutis do hebraico, mas vamos entender que a *ishá* faz o *ish*. O *ish* é o homem que abandona a relação de fusão com seu pai e sua mãe para se tornar o ser relacional da *ishá*.

A *ishá* é mais humanizada porque: 1) vem do homem (e não de *adamá*), 2) construída, e não com a forma do homem ou dos animais, 3) feita/arquitetada no jardim, e não da terra externa.

O futuro do casal dependerá agora da capacidade de cada um deles de se reconhecerem como sujeitos livres e parceiros, evitando a retirada em seus desejos ou medos.

Coerência entre o capítulo 1 e o capítulo 2

À pergunta: como podemos explicar a ligação entre o capítulo 1 e o capítulo 2? Há dois tipos de resposta.

---

[52] Cf. Gn 17, e, em particular, o v. 23 onde encontramos *etzem* e *bassar* como aqui em Gn 2,23.

1) O princípio "do geral para o particular" (*prat uklal*), ou seja, o capítulo 1 apresenta a criação geral do homem e da mulher, e o capítulo 2 dá os detalhes dessa criação, que já não é mais simultânea, mas escalonada (Rashi, Ramban).
2) Duas narrativas paralelas (2 escolas diferentes). Esta segunda abordagem nos convém melhor de um ponto de vista literal. Em primeiro lugar, a criação simultânea do masculino e do feminino apoia a ideia de uma autêntica complementaridade e paridade, que exclui qualquer primazia do homem sobre a mulher, e reciprocamente. Por outro lado, muitas diferenças levam a considerar a assinatura de duas escolas de escribas: o nome *Elohim*, no primeiro capítulo, a adição do tetragrama no segundo, a criação de animais antes dos humanos no capítulo 1, seu aparecimento depois no capítulo 2. Acrescentemos o novo vocabulário verbal do capítulo 2 sobre Deus: aqui Ele já não cria, mas planta faz brotar, forma, constrói, caminha, envia de volta...

Se quiséssemos manter o princípio *do geral ao particular*, diríamos que o capítulo 1 até Gn 2,4a descreve o mundo do ponto de vista do Criador (*Elohim*), e que de Gn 2,4b até o fim da Torá, o mundo é descrito do ponto de vista do Homem e de sua história.

Esse versículo em Gn 2,4 nos parece essencial para manter a coerência entre as duas narrativas que nos preparam para o capítulo 3.

CAPÍTULO III

BERESHIT / GÊNESIS
Tradução Comentada

V.1: E a serpente era astuta, mais do que qualquer animal do campo que fez YHWH *Elohim*. E disse à mulher *(ishá)*: "Foi assim[1] que *Elohim* disse: 'não comereis de toda árvore do jardim'"...

A serpente: O quarto ator entra na cena original. Da raiz N.'H.SH., que significa "encantador, enfeitiçador". Serpente a encantadora! De acordo com o Gn 2,20, o seu nome vem de adam-Homem durante a cerimônia de nomeação. Houve algum diálogo?

Astúcia: Trocadilho de *arum*, "nu", no verso anterior e "astúcia" aqui[2]. O astuto procura a "nudez", a culpa. *O corvo e a raposa*! O sujeito colocado antes do verbo significa que a serpente sempre foi astuta. Está inscrito no seu DNA. A inteligência das forças da natureza.

Animal do campo: A cobra foi formada, depois de adam-homem, entre os animais dos campos, a partir do exterior do jardim. Pertence à natureza selvagem, não é domesticável. Como todas as criaturas, ela desempenha o seu papel no projeto divino; daí a menção "que Deus tinha feito".

E ele diz: Uma cobra falante, como mais tarde um burro?[3] Tomemos a narrativa na sua coerência interna, simbolicamente, miticamente. Ouçamos a voz das forças da natureza que puxam o ser humano para a terra, contra outras forças mais sutis que o empurram para o céu.

---
[1] *Af,* em hebraico, introduz uma cláusula secundária em relação a uma principal, que está ausente aqui. Daí a tradução "Foi assim"? Caso contrário, de acordo com alguns literalistas, houve discussão antes que a serpente abordasse o assunto.
[2] *Arum* também se refere à inteligência (Pr 1,4 ou 8,12).
[3] Nm 22,28.

A mulher: Por que a mulher e não o homem? Por que não discutimos isso em 3? E onde está o adam-homem? Um texto deliberadamente hermético. Ponhamos de lado a leitura misógina[4]: o ser mais fraco, o mais sugestionável, enquanto ela é mais *construída* do que o adam-homem. Vamos supor que o adam se limita a dar nomes aos animais e a transmitir a *mitzvá* de Deus, depois vai-se embora (para trabalhar?).

A ajudante, como no seu oposto, nunca fala ao seu *ish*, nem vice-versa. A serpente desempenha o papel do marido. A realidade de uma relação humana afasta-se do seu ideal.

Elohim: A serpente, um ser da natureza, não pode usar o tetragrama sagrado. A sua pergunta reflete a sua lógica animal: satisfazer o desejo, sem referência moral. Para ela, se Deus proíbe uma fruta, proíbe todas as frutas. "Comer *kasher* é privar-se de viver". Todo o gozo, ou nada! Quando o gozo se torna a medida de tudo, a vida dos outros está em perigo.

V. 2: E diz a mulher à serpente: "Do fruto da árvore do jardim comeremos". V. 3: Mas[5] do fruto do meio do jardim, disse *Elohim*: "Não comereis dele, nem tocareis nele, para não morrerdes".

A mulher diz: Como é que ela sabe? Deus falou ao homem-adam que o transmitiu à mulher. Mas estará ela preocupada da mesma forma que o homem? E será que a sua resposta à serpente corresponde à declaração divina? A nossa lente exegética tenta compreender as nuances.

Disse Elohim: Comparemos o que ele disse a Gn 2,16 e 17. Aí, YHWH *Elohim* pediu para comer da árvore. Mas aqui a mulher, sem mencionar qualquer nome divino, diz: "Somos fruticultores, satisfazemos os nossos instintos de (sobre) vida." Discurso utilitário (fruto) em vez de pensar na árvore (fonte do fruto)[6]. Comer já não faz parte de um projeto de *mitsvá*, da humanização da consciência. Através da sua pergunta, a serpente reduz *ishá* às suas funções vitais; ela cai na armadilha do encantador.

No versículo 3, ela menciona o *fruto do meio do jardim*, sem qualquer menção ao que está em jogo na proibição: o conhecimento do bem e do mal. Claro, ela refere-se a Deus, mas como *Elohim* sem o tetragrama da

---

[4] Resultado dessas reuniões religiosas masculinas na ausência das mulheres.
[5] Ver nota 104.
[6] O que nossa sociedade de consumo oferece.

consciência moral. Quanto à justificação da proibição, ela surpreende: "para que não morramos". O *medo* do padre Fouettard, ou seja: o *medo* do bicho-papão. A cereja, no bolo, é a adição da proibição de tocar[7]. A dupla *mitsvá* de YHWH *Elohim* carregava todo o significado de elevação moral e espiritual. A resposta da mulher é a de reduzir a palavra divina a uma regra de sobrevivência biológica. Deus teria criado os humanos apenas para viverem como animais sociais? Que degradação da palavra original!

De quem é a culpa? Do homem-adam[8]. Por duas coisas: ou é assim que ele entendeu a palavra divina, ou, então, não confiando em sua ajuda, lhe impõe: "Não toque nesses frutos, senão morreremos!". Primeira frase de efeito: "seja bonita, coma e não pense!"

Propomos duas leituras para essa postura do homem-adam diante da morte anunciada por Deus.

Comparemos com Abraão (Gn 22) que realmente acreditava ter ouvido a ordem de sacrificar Isaac. Assim, levou-o até ao topo de Moriá para compreender o chamamento de Deus para nomeadamente "educar" Isaac, para o elevar à sua própria identidade.

Ou então o homem-adam não confiava na mulher! Uma das invariantes da história humana.

V. 4: E disse a serpente à mulher: "Certamente, não morrereis".

A serpente à mulher: A serpente conhece o significado da ordem divina, sem que a Torá revele a sua fonte de conhecimento[9]. Ela revela-o à mulher. Pelo seu jogo de sedução, ela vira as palavras da mulher contra si mesma. Toda a linguagem pode ser manipulada e orientada de acordo com as intenções do remetente. A Bíblia pede-nos constantemente para escolhermos *a linguagem da verdade*[10], não corrompida por interesses pessoais.

Morrer?[11] *não morrereis*: "A morte mencionada pelo Criador ao seu marido não significa morte imediata". Com a sua intervenção, a serpente suprime o lento trabalho de diálogo que o homem e a mulher poderiam

---

[7] Midrash: a serpente a empurra contra a árvore, ela não morre. "Veja, ela disse, essa árvore é inofensiva!"
[8] Quando o homem acusa a mulher, então e agora, ele revela a sua própria falha: "Quem denuncia uma falha, denuncia a sua própria falha" (TB *Kiddushin* 70 a).
[9] A sua astúcia, de origem divina, implica que ela também conhece as intenções de Deus.
[10] Catherine Chalier *La langue de vérité*. A. Michel.
[11] Acrescentamos "?" na lógica da serpente.

ter realizado como *ish* e *ishá* para compreender o significado espiritual da proibição. Ela impede o caminho do Moriá.

Nessa fase, ambos são ainda imaturos. Especialmente o homem-adam, demasiado fundido entre a sua pátria e o seu Deus tutelar.

V. 5: Porque sabe (diz) *Elohim* **que, no dia em que comerdes dele, abrir-se-ão vossos olhos e sereis como** *Elohim*, **sabereis do bem e do mal.**

Sabe Elohim: verbo a saber no início e no fim do versículo. Nova menção de *Elohim*, sem tetragrama. A serpente revela o significado da morte, que não é um relâmpago, mas a morte de uma inocência para nascer a um novo nível de consciência: o conhecimento do bem e do mal. Só Deus sabe essa realidade, mas podeis saber como Ele o sabe.

E vossos olhos abrir-se-ão: Isto significa, claro, que verão o mundo de forma diferente. Portanto, não se trata de morte física ou cegueira. A serpente não mente, diz o que YHWH *Elohim* tinha expressado, mas nem o homem-adam nem a mulher (que nunca ouviu Deus) tinham percebido. A serpente representa o primeiro exegeta da palavra divina.

Como Elohim: Alguns explicam "como os anjos", mas será que os anjos possuem esse conhecimento, quando são *programados* para cumprir a vontade divina ou para cantar a Sua glória? Aos nossos olhos, isso deve ser entendido como conhecer o bem e o mal como *Elohim*.

De acordo com a serpente, Deus quer manter a vantagem sobre o homem e o animal. O ser natural não consegue compreender que a Lei visa, pelo contrário, promover a autoconstrução e a ascensão espiritual. Porque a Lei estrutura o desejo[12]. A serpente *é* uma serpente no seu DNA, mas o homem *torna-se* homem, para além do seu programa genético.

V. 6: E viu a mulher: que era boa a árvore para comer, e que desejável era para os olhos, e cobiçável a árvore para entender; e tomou do seu fruto e comeu; e deu também ao seu marido (*ish*) que estava com ela, e ele comeu.

Ela viu: Ela viu que essa árvore era mais do que aquilo que o homem-adam lhe tinha ensinado. Ela pensava encontrar uma torre (*pilone*) de

---

[12] Moussa Nabati, *Ces interdits qui nous libèrent*. Dervy. O autor mostra que sem a pedagogia da Lei, os instintos são libertados.

2000 volts, ela sente nascer nela as nuances da vida: 1) bom de comer (sabor), 2) apetitoso de ver (a estética), 3) desejável de pensar (o espírito). Se os dois primeiros aspectos fossem mencionados em Gn 2,9, a capacidade intelectual parece nova. Aqui, bom, palatável e desejável exprimem diferentes níveis de prazer.

Simultaneamente, esses três aspectos correspondem às três fases da humanização: comer (primeira infância), ver (idade relacional), intelectualizar (idade da razão). Através da sua visão, a mulher se humaniza, ela percebe o futuro do humano. Ela vive uma experiência que o homem ainda não conhece. Ela cresce onde o homem-adam parou de crescer.

No final, a *ishá* consome o fruto proibido para integrar nela o sentido do sabor, da estética e do conhecimento. Por enquanto, o fruto não tem qualquer efeito.

Ela deu... ele comeu: Nenhuma resistência do homem-adam, que mais tarde admitiu saber o que estava consumindo. Em vez de se opor à proibição divina, ele cede ao argumento da mulher (subentendido) que é o da serpente. As bocas, que deveriam dialogar, consomem o fruto; cada um se dobrando ao seu próprio desejo.

V. 7: E foram abertos os olhos de ambos, e souberam que estavam nus; e coseram folhas de figueira, e fizeram para eles tangas.

Seus olhos se abriram: Efeito psicológico do consumo: seus olhos se abriram. Por que não só depois do consumo da *ishá*? Talvez o ato egocêntrico do consumo partilhado permita a diferenciação entre masculino e feminino. A desobediência traz um novo nível de consciência e separação, em continuidade com a ordenação do mundo de acordo com o cap. 1.

Eles sabiam: Eles *se veem* reciprocamente e *conhecem* a sua nudez. Até agora cada um deles via o outro como uma projeção de si próprio (fase infantil), agora descobrem a alteridade adulta.

Curiosidade gramatical: em Gn 2,25, *arummim* (nu) é escrito [yod - mem] no final (masc. pl.), enquanto aqui, o *yod* é colocado em 2º lugar, o que dá um pl. omitido[13] masc. Conhecimento intelectual e sexual! [14]

---

[13] De ערומים a עירומם. Alusão à sua metamorfose.
[14] Antes desse conhecimento, Adão e Eva podiam ter uma relação como seres da natureza, agora irão experimentar a sexualidade humana.

Coseram: Para além do *conhecimento* do corpo, conheciam o ofício da confecção (primitiva) de peças de vestuário (agulha, linha, folhas de figo).

Folha de figo: Coletivo singular. A árvore proibida não tem nome. O rabino Meir supõe que se trata da figueira, e assim "a árvore da culpa tornou-se a árvore da reparação"[15]. Quem o nomeia aqui? O narrador ou o homem-adam? Em hebraico, *teena* "figueira" se aproxima de *teuna* "acidente".

Tanga: Uma cinta ou cobertura, que significa *malbush*. Os animais não sentem vergonha; o homem e a mulher tornam-se mais humanos.

V. 8: E ouviram a voz de YHWH *Elohim* que passeava no jardim na direção (do pôr do sol) do dia, e esconderam-se o *adam*-homem e sua mulher da presença do YHWH *Elohim*, no meio de uma árvore do jardim.

Eles ouviram: Deus anuncia-se a si mesmo antes da sua vinda. Para os rabinos, Deus age com propriedade (*derekh erets*), Ele não entra sem aviso prévio, mesmo no meio das Suas próprias criaturas[16].

Andar a pé: O verbo andar é, por vezes, utilizado na forma pronominal (*hitpael*). Imagem antropomórfica significando o dinamismo da voz divina.

(O pôr do sol) do dia: O fim do dia, quando a brisa da noite aumenta. Tema do fim de um ciclo (a semana, o ano, a vida, etc.) o tempo do julgamento do trabalho humano[17]. A voz numa brisa evoca "a voz do doce silêncio" (I Reis 19,12). Deus não inflama a Sua raiva como em outros relatos.

Eles esconderam-se: O homem-adam toma a iniciativa de se esconder, o que implica um sentimento de culpa por ter traído a palavra divina. A mulher segue o seu homem.

No meio de uma árvore: Singular coletivo. Eles próprios escolhem um bosque espesso? Acham que é possível escapar de Deus? Será que não revelam antes a sua imaturidade ao assumirem corajosamente os seus erros?

---

[15] 3 opiniões: uva, trigo ou figo (TB *Berakhot* 40a). Nunca uma maçã vinda de um desvio do latim *poma* = "fruta". Os estereótipos têm uma vida dura.

[16] Por isso, duplicou o nome daquele que foi chamado antes de falar com ele (Gn 22,2; Ex 3,4, etc.). Cf. também At 9,4.

[17] Até ao derradeiro julgamento, que é o último julgamento.

V. 9: E chamou YHWH *Elohim* **ao homem-adam e disse-lhe: "Onde estás?"**

Ele chamou: A chamada precede o dizer. O reconhecimento da alteridade antes do enunciado de uma mensagem, mesmo que o texto não diga com que nome o homem foi chamado. Por que o homem-adam e não a mulher? Será por causa da misoginia divina[18] para com a sua criatura mais construída? Mais simplesmente, porque a gestão da *mitsvá* foi confiada ao homem-adam, não à mulher.

Onde estás: Deus age como se Ele não soubesse. Deus humaniza-se a si próprio. Ele não repreende dos céus, mas coloca-se ao nível da Sua criatura. A verdadeira questão é: "Onde estás? Como vives o projeto divino?"[19]. Esta questão abre o diálogo entre o Criador e as Suas criaturas.

V. 10: *E disse: <>A Tua voz eu ouvi no jardim e temi, porque estou nu, e escondi-me.*

Tive medo: O homem-adam revela a sua percepção da divindade: um Deus da Lei, um Deus de rigor, um Deus de justiça, não um Deus de amor. Ele percebe Deus através da Lei[20], não a Lei através de Deus. Ele não compreendeu o benefício dessa Lei, que permite aprender a gerir o prazer para viver.

Pois eu estou nu: o homem confuso: teve de se esconder da mulher, ele esconde-se de Deus; ele não sabe onde se colocar.

Eu sou: 1ª ocorrência do *Eu* enfático *anokhi*. "Diante de ti, o meu ego pesa-me"!

V. 11: E disse: "Quem te disse que estás nu? Acaso da árvore que te ordenei a não comeres dela, comeste?"

Quem te disse: Verbo N.G.D., ver *kenegdo* (Gen 2,8). 2ª questão: Deus pergunta com quem é que o homem-adam dialogou? Construíste o diálogo autêntico com aquela que construí para ti?

É da árvore: 3ª pergunta: "O teu estado de confusão deriva do consumo do fruto proibido?"

---

[18] Algumas pessoas religiosas acreditam que Deus é misógino.
[19] Martin Buber escreveu muitas páginas bonitas sobre essa questão.
[20] Uma armadilha permanente da ortopraxia judaica.

V. 12: E Adão disse: "A mulher que Tu deste comigo (para mim), ela deu-me da árvore, e comi".

A mulher que Tu me deste: O homem-adam não mente, mas sem o mínimo *galanteio*, ele coloca a culpa apenas na mulher. "Tu deste-me um mau presente". Indiretamente, Deus também seria culpado[21].

Comigo: E não "frente a mim". Não assumimos um diálogo.

Eu comi: De fato, a relação sujeita a sujeito não foi construída, somente contou o consumo do proibido, o gozo.

V. 13: E disse YHWH *Elohim* à mulher: "O que é isso que fizeste? E disse a mulher: 'A serpente enganou-me e eu comi'".

YHWH *Elohim* à mulher: 1ª palavra de YHWH *Elohim* à *ishá*, sem raiva. Como juiz da verdade, Deus ouve ambas as partes, ou como um Pai perante os seus dois filhos.

O que tu fizeste: Deus continua a questionar. Deus não culpa a mulher por comer a fruta, mas pela sua ação para com o seu marido.

Ela enganou-me: em hebraico, "enganar, induzir ao erro". (Ab 1,3). O homem volta a colocar a responsabilidade na mulher (e em Deus), a mulher na serpente. "Fui mal-informada", diz ela. E ela tem razão!

V. 14: E diz YHWH *Elohim* à serpente: "Já que fizeste isso, maldita és tu, mais do que todo quadrúpede e mais do que todo animal do campo, sobre o teu ventre andarás, e pó comerás todos os dias da tua vida".

YHWH *Elohim*: Não é *Elohim*, Deus da natureza, mas o Deus da natureza e da moral que se dirige à serpente, Sua criatura a mais astuta. Ele não o questiona, porque sabe que a natureza animal tende para o instinto.

Maldita és tu: A.R.R., por: "amaldiçoar" (dizer mal)[22], o oposto de B.R.KH "abençoar" (dizer bem). Na realidade, o verbo significa diminuição da vida, em oposição à expansão da vida[23].

Sobre o teu ventre: Deus diminui a expansão das forças naturais, suprimindo a palavra astuta da serpente[24]. Pois o homem não conseguia en-

---

[21] Caim reagirá da mesma forma no capítulo 4.
[22] Não confundir com o verbo K.L.L.= macular
[23] B.R.KH = 2 + 20 + 200. A.R.R = 1 + 200 + 200. A bênção permanece em 2, maldição diminui em 1. Ver nota de rodapé 60.
[24] "Nada obriga a dizer que Deus mudou a natureza, tirando-lhe as pernas, se isso não estiver explicitamente escrito no texto". (R. Eliezer Ashkenazi 1513–1586).

contrar o seu lugar numa natureza demasiado ativa e demasiado inteligente[25].

O pó: Trata-se do *afar* do qual ele foi formado e depois separado pela palavra, torna-se novamente o seu lugar de existência e alimento. Uma ruptura clara entre a animalidade e a humanidade. A natureza permanecerá natural, mas a sua atração pode ser exercida na imaginação humana.

V. 15: E inimizade porei entre ti e a mulher, e entre a tua semente. E entre a sua semente; ela te esmagará a cabeça e tu lhe ferirás o calcanhar. (S).

A inimizade: O termo *eyvá* dá também *oyev* "inimigo". Para que a humanidade (semente da mulher) encontre o caminho da elevação espiritual, o caminho da santidade, Deus coloca uma *hostilidade* entre a atração pela natureza (a serpente) e a aspiração ao céu. Essa hostilidade significa um exagero da consciência moral. Isso não significa que o Hebreu denigra ou macula o corpo, a carne ou a matéria, mas que se recusa a dar-lhe plena autonomia. Em vez disso, defenderá o equilíbrio de tensão entre a terra e o céu, simbolizado pela escada de Jacó.

Semente: isto é, a descendência do ventre materno. A mulher tem povos no seu ventre (Gn 25,23).

Esmagarás...aspirarás: Um jogo de palavras entre a raiz SH.U. F. "esmagar" (Am 27; 8,4) e a raiz SH.A.F. = "aspirar, respirar" (Jr 14,6) ligado ao assobio da serpente que se aproxima da sua presa (Gn 49,17). Para se erguer, o humano deve esmagar a cabeça do sedutor, enquanto as forças egoístas tentam derrubá-lo, mordendo-lhe o calcanhar.

(S): A tradição massorética coloca aqui um espaço vazio (*setumá*). O parágrafo que começa com a serpente no auge da sua astúcia termina com o seu esmagamento.

V. 16: À mulher disse: "Multiplicarei as tuas dores e a tua concepção; na dor terás filhos; e ao teu marido o teu desejo, e ele te dominará" (S).

À mulher: Deus tinha interrogado o homem, depois a mulher que se referia à serpente. Aqui a ordem é invertida. A leitura tradicional afirma

---

[25] Vamos comparar a cobra com a teia (de aranha) da Internet que nos permite criar maneiras de pensar por nós ou nos impedir de pensar.

que as mães foram punidas, mesmo amaldiçoadas, por causa da avó. Na coerência bíblica, é difícil conceber tal divindade, que *recorda*, no máximo, a falha até à terceira e quarta gerações (Ex 20,4), e recordar não significa "reprimir, castigar"[26]. Quanto a Ezequiel, o seu discurso sobre a responsabilidade individual (cap. 18) refuta tal leitura. O que diz o *pshat*?

Perguntemo-nos se, sem a desobediência, a mulher teria dado à luz sem sofrimento, ou se, por natureza (divina), a gravidez e o parto a causam inevitavelmente? De acordo com a antropologia[27], a dor específica do parto deve-se a duas causas: 1) Ao tornar-se bípede (e Eva era), a pélvis inclinou-se para a frente o que tornou a passagem do canal de parto mais difícil. 2) O tamanho do cérebro humano aumenta a dificuldade da saída da criança.

Vamos alargar o questionário: O sol apareceu no 4º dia, depois das plantas? O arco-íris foi criado após o dilúvio? Os fundamentalistas o afirmam. Assim seja! Mas a nossa leitura chave é que a Torá não é um livro de ciência, mas de consciência. Ensina-nos a fé, a *emuná*. Isso significa que os fenômenos naturais (que dependem de leis fixadas pelo Criador desde o início) assumem uma leitura particular à luz dessa fé.

Claro que o universo existia antes do aparecimento da vida no nosso planeta, mas a Torá coloca o sol no quarto dia, porque aos seus olhos a produção de alimentos é maior na escala de valores do que as estrelas[28]. É claro que a difração da luz para as sete cores primordiais existe desde o início, mas esse fenômeno adquire um significado religioso após o dilúvio. Da mesma forma aqui, as dores do parto assumem um valor religioso: recordar que a mulher falhou[29]. *Idem* para o homem (v. 17).

Teu desejo: O termo *teshuká* expressa uma sede, uma fome, uma falta a ser saciada (Is 29,8; Sl 107,9). Refere-se à condição feminina desde a época dos coletores, caçadores, e depois na cidade bíblica. Ao carregar a criança, ao cuidar da descendência, ela está física e economicamente dependente do *pater famílias*.

---

[26] Que são traduções ideológicas contra a Torá.
[27] Fonte: *Science et vie*, Janeiro de 2015. Por Wenda Trevathan, antropóloga e bióloga americana.
[28] Combater a fome no mundo antes da conquista do espaço...
[29] Esse tipo de interpretação encontra-se na proibição de comer o nervo ciático em ligação com a ferida de Jacó, ou as festas de peregrinação, ligadas às estações do ano, que dão significado religioso ao ciclo solar. Da mesma forma, o solstício de inverno existia antes do Hanuká ou do Natal, mas esse fenômeno natural adquirirá um novo significado posteriormente.

Ele te dominará: Eis uma bela fórmula para qualquer crente misógino de ontem e de hoje. Teríamos a mesma leitura que para a conquista da terra (Gn 1,26): exercer poder absoluto e discriminatório sobre ela. Que imagem infeliz e terrível de Deus esses intérpretes da Torá têm! Tal como foi uma relação ética com a terra, assim é aqui. O projeto divino não mudou com a desobediência, mas o ser humano sabe melhor de onde começa, porque conhece melhor as suas fraquezas[30].

Essa leitura persistente contra as mulheres baseia-se numa leitura rápida: o masculino dominará o feminino, e o ideal de paridade será para sempre excluído. No entanto, a língua hebraica traz sempre nuances; uma palavra pode significar uma ideia e o seu oposto; e a intenção muda tudo. Tomemos o termo *eved*, que no caso de Abraão designa o *servo* fiel, o nobre intendente, mas que se torna escravo do cruel faraó. O termo *neshek* refere-se à arma destrutiva e, paradoxalmente, ao beijo do amor. Ao manipular o átomo, pode-se matar ou curar. O verbo M.SH.L. também carrega essa dualidade: certamente o domínio totalitário do homem (um fato da cultura), mas também a proteção, a assistência do homem para com a mulher. Esse significado positivo, esse sacerdócio, será encontrado no último discurso do Rei Davi (I Sm 29,3): "Ele disse, o Deus de Israel, […]: 'Aquele que governa *(moshel)* sobre os homens, (aquele que é) justo, (aquele que) governa (aquele que possui) o temor de Deus.'"[31].

Aqui é inaugurado o grande princípio da lei de Israel: o poder de um obriga à responsabilidade em relação ao outro. Para aqueles que leram o texto no seu primeiro sentido, a heroína feminista do Cântico dos Cânticos inverte a polaridade (cf. 7,11): "Sou do meu amado, e *para mim o seu desejo*"[32].

V. 17: E ao homem-adam disse: "Porque escutaste a voz de tua mulher e comeste da árvore que te ordenei que não comesses; maldita é a terra por tua causa; com fadiga dela comerás todos os dias da tua vida".

E ele disse: Esperávamos da boca divina, a aplicação do anunciado castigo de morte? Mas nem a morte por ato, nem a morte por palavras. A

---

[30] A Bíblia apresenta os psicodramas.
[31] Jesus di-lo-á numa fórmula marcante: "O maior entre vós será o vosso servo" (Mt 23,11).
[32] Comparar Gn 4,7 onde Deus usa a mesma terminologia para Caim.

serpente tinha razão contra a mulher, *morrer, morrerás* significava outra coisa. O mundo exterior será diferente daquele do Jardim de Éden. Aqui a terra oferecia os vegetais como fonte de alimentação, um *self-service* de saladas e frutos. No exterior, será o trabalho dessa terra. Mas não era esse o plano inicial?

Tu escutaste a voz da tua mulher: De volta à misoginia (divina, nada menos)? No entanto, mais tarde, Deus perguntará a Abraão: "Ouve a sua voz" (de Sara), pois Ele admitirá a decisão de Rebecca em relação a Jacó. A voz da mulher não é demonizada (o que nos tranquiliza). Vamos propor outro caminho.

Ordenei-te: Só Adão tinha recebido a dupla *mitsvá* do consumo e da autolimitação, esta última enfatizando a responsabilidade do homem. Adão foi confrontado com um dilema: comer e descobrir, como a sua *ishá*, a capacidade de provar, estetizar e pensar, ou não comer, de acordo com a ordem divina, e permanecer no seu estado ingénuo? Para repetir uma aula ou para aceitar deixar a escola? Finalmente, o homem, tal como a sua esposa, optou pela promoção do conhecimento, por esse desejo de crescer.

Para dizer: à mulher que a *mitsvá* recebeu, e mesmo assim comeste.

Maldita a terra é o verbo A.R.R. aplicado à terra, tal como foi aplicado acima à serpente. Se houver uma maldição, ela cai sobre os elementos naturais, não sobre o homem-adam[33]. Na Bíblia, o Homem nunca é amaldiçoado! Por outro lado, existe uma nova relação com o mundo. Foi-se o *self-service* do Bom Deus. A saída do jardim significa confrontação com a realidade[34], localizada fora do jardim.

Na dor: O confronto com uma natureza hostil constituirá um novo começo para o homem. Isso não exclui a alegria do trabalho e a felicidade de uma família (Sl 127). Até mesmo os rigores divinos acabam por se tornar misericórdia!

V. 18: *Espinho e abrolho produzirá para ti, e comerás <> a erva do campo.*

Espinho e abrolho: coletivo singular. Fora do jardim, o mundo de Deus apresenta um conjunto anárquico de vidas. Os arbustos e os espi-

---

[33] Em Dt 27, encontramos a grande declaração do Monte Guerizim e do Monte Eval "amaldiçoou qualquer um, etc". Isso não é uma maldição sobre o homem como homem, mas uma denúncia de conduta contrária à ética monoteísta. Israel aceita as cláusulas da Lei.
[34] Cf. o fim do maná no início da entrada na terra prometida (Jo 5,12).

nhos têm a sua utilidade, dirão os botânicos[35]? Certamente, mas em nível religioso, a vida torna-se um espaço para misturar o bem com o mal. Ao comer dessa árvore, o homem terá de fazer escolhas a toda a hora, até a cor da sua gravata? No jardim, o homem e a mulher, tal como as crianças, foram cuidados pelo seu pai celestial. Agora o confronto com a realidade torna-se total.

Abrolho: *dardar* da raiz *deror* "liberdade", daí "abrolho".

A erva do campo: As árvores frutíferas desaparecerão verdadeiramente? Digamos antes que o homem, trazido de volta a sua terra original, terá de aprender a endireitar-se moral e espiritualmente.

V. 19: *Com o suor do teu rosto comerás pão; até voltares à terra, pois dela foste tomado; porquanto tu és pó e ao pó tu retornarás.*

O suor: O sinal corporal do esforço. No entanto, o homem-adam já trabalhava no jardim? Ele não transpirava? Certamente[36], mas para manter o jardim de Deus, para se alimentar diretamente da bênção do céu (os frutos representavam o seu maná). Agora, o homem vai suar para cultivar a terra, cultivar trigo, transformá-lo em farinha, amassá-lo com água, e cozer a massa numa fonte de calor. Todos esses atos, que nos parecem óbvios, só foram possíveis através do uso e desenvolvimento da inteligência, que a *ishá*[37] tinha percebido. Paradoxalmente, a maldição da terra revela a bênção do conhecimento e da perícia[38]. Até regressar à terra: No pomar, o homem mortal poderia consumir a árvore da vida, agora isso não será possível.

E não retornarás à terra: esta fulgurância da palavra divina corresponde à idade da consciência da mortalidade. Daí a seguinte questão: o que fazer com a existência oferecida em pura graça? Deus não diz apenas

---

[35] Ao dar um curso sobre as quatro plantas que estão agitadas durante a Festa das Cabanas (Sucot), ensinei que o salgueiro era o mais infeliz dos quatro, uma vez que não tinha frutos e não tinha perfume. Um farmacêutico, amigo meu, disse-me que o salgueiro transporta aspirina. Deus não criou nada totalmente maléfico!

[36] O significado literal evita milagres excessivos e transformações sobrenaturais. A serpente teria perdido as pernas, o homem teria suado, a mulher teria sofrido com a sua gravidez, depois de terem sido mandadas para fora do jardim.

[37] Até o fio para cortar a manteiga teve de usar a inteligência. Uma vez adquirido o conhecimento, este torna-se propriedade da humanidade. Só foi preciso um Einstein descobrir $E=MC^2$ para universalizar a equação.

[38] Na oração da *amidá*, o primeiro pedido ao Senhor é inteligência, e termina com: "Abençoado sejais Vós, YHWH, Vós que doais graça ao conhecimento". Aqui a *daat* é uma graça divina, não um fruto proibido.

ao homem-adam: "Meu filho, serás mortal"; diz-lhe: "terás consciência da tua mortalidade, para dar sentido à tua vida; e essa escolha dependerá de ti, não de Mim"! Esse é o preço a pagar pela sua liberdade.

V. 20: *E chamou o homem-adam o nome de sua mulher, Eva (Hava), porque ela era a mãe de todos os viventes.*

Ele chamou: Aquele que deu nome aos animais e que viu na *ishá* apenas um espelho de si mesmo, dará (finalmente) um nome a sua companheira: Hava. Da raiz *'hai* que dá *'haim*, como na *árvore da vida*, ela se torna a primeira pessoa a ter um sobrenome: "Mãe-da-vida", Eve em francês e Eva, em português[39].

Por que agora? Falhas podem ajudar-nos a seguir em frente. O homem, não tendo assumido a boa relação com a *ishá* (acusando-a da sua culpa), reconhece aqui a sua especificidade: a sua maternidade. Ele entende que ela se torna sua árvore da vida, pois através de seus filhos ele continuará a viver. Cada vez que ele falar com ela, ela será mais "mãe" do que "minha amiga"[40].

V. 21: *E fez o Senhor Deus (YHWH Elohim) para o homem-adam e para sua mulher túnicas de pele, e os fez vestir (P)*

Túnicas de pele: Onkelos, Rashbam: "túnicas para a pele (do corpo)". Também se pode dizer túnicas feitas de pele, por exemplo, de pelos de animais[41].

E os fez vestir: Antes de enviar o casal para o mundo da natureza, o mundo construído e a ser construído, Deus (costureiro) vestiu o homem e a sua esposa. Na Bíblia, a peça de vestuário expressa dignidade. Os rabinos veem nesse gesto divino, um ato inaugural de generosidade (*guemilut hassadim*). Mesmo o cultivo é parte da generosidade divina.

No pomar que Deus tinha providenciado para a sua comida, agora Ele tem o cuidado de cobrir a vergonha deles e protegê-los do frio. O corpo

---

[39] A LXX traduz *Zoé*, a forma grega do hebraico "vida".
[40] Tínhamos mostrado em *Fraternidade* que Eva guardará a memória da sua rejeição, justificando o nome do seu filho mais velho, Caim: "porque adquiri um homem com YHWH", e não "nós adquirimos".
[41] Como o homem era vegetariano, pode-se imaginar uma origem animal sem a execução de uma besta.

coberto distingue o homem do animal. A relação entre homem e mulher pode passar do impulso natural (*eros*) para a santificação da relação.

(P): Inicial de *petu'ha* "(seção) aberta". O escriba vai para a linha. Mudamos de assunto.

V. 22: E disse a Si mesmo YHWH *Elohim*: "Eis como o homem-adam se tem tornado como um de Nós para conhecer o bem e o mal; e agora, para saber o bem e o mal. E agora, quiçá ele estenda sua mão e tome também da árvore da vida, e coma e viva para sempre".

E disse a Si mesmo: No Gênesis, Deus por vezes fala consigo mesmo, ou Ele fala conosco[42]. Ele faz uma declaração sobre a situação.

Como um de nós: Alguns comentam "como um dos anjos", mas será que os anjos têm esse conhecimento? Trata-se de um plural majestático como "Façamos o Homem-adam". Adam sabe intimamente, por tê-lo digerido, o bem e o mal, como o seu Criador.

E agora: Na Torá, *ata* implica sempre uma ação iminente e decisiva.

Quiçá ele estenda: Às vezes, Deus teme um excesso de liberdade da Sua criatura contra o Seu próprio projeto de vida[43].

A árvore da vida: Como é o conhecimento do bem e do mal incompatível com a árvore da vida? Se o homem definir o bem e o mal sem referência a uma transcendência comum, isso conduzirá ao reinado dos privilegiados e dos fortes[44]. Se, além disso, ele pudesse prolongar a sua vida, seriam séculos de injustiça. Imaginemos um ditador a viver mil anos...

À pergunta: por que é que o homem não comeu imediatamente da árvore da vida? Não teria sido esse o nosso primeiro reflexo? 1) O homem não tinha os nossos reflexos, 2) Não sabia o que era essa árvore, nem a sua posição exata no jardim[45], e sabia que ela existia? 3) Mesmo sabendo-o, não sentiu necessidade de o fazer na altura, não conhecendo a morte.

E viva para sempre: Note-se que, em hebraico, *leolam* não significa "eternamente", mas sim tempo longo, ou seja, com um fim. Assim, em

---

[42] Abraham ibn Ezra: "Ele fala com os anjos".
[43] Por exemplo, a Torre de Babel (Gn 11).
[44] Cf. Rashi Gn 6,2, *les fils d'Elohim*: "os príncipes". E também Dt 17,18.19.
[45] O versículo (Gn 2,9) permanece ambíguo, mesmo que Ramban considere que as duas árvores ocupavam o mesmo centro. Mas Ramban aqui é influenciado pela Kabala.

relação ao servo (Ex 21,6), "Ele irá servi-lo *leolam*", Rashbam, segundo o significado óbvio, propõe "todos os dias da sua vida".

Para acrescentar muito tempo a esse longo tempo, o hebraico dirá *léolam vead olam* (ou reduzindo *leolam vaed*) "de um longo tempo para um longo tempo". A árvore da vida não é a fonte da juventude, mas a árvore cujas virtudes medicinais prolongam a vida.

V. 23: *E enviou-o YHWH Elohim do jardim do Éden para cultivar a terra, de onde havia sido tomado.*

Ele enviou-o: 1ª ação divina. O verbo SH.L.'H. "enviar", também "missionar". O homem-adam vai agora realizar o projeto inicial de trabalhar a terra, e não apenas o do jardim (Gn 2,15). Esse verbo tem sempre um significado positivo.

De onde havia sido tomado: Unicamente o trabalho do homem, uma vez que a mulher não foi tirada da *adamá,* mas do *adam*. A mulher *trabalha* pela vida que leva, e para ajudar o homem *a fazer-se a si próprio*.

V. 24: E expulsou <> o homem-adam; e colocou, ao oriente do jardim do Éden os querubins <> com a lâmina flamejante da espada <> que se volvia para guardar o caminho da árvore da vida (P)

Ele repudiou: G.R.SH. significa "guardar" (Ex 11,1)[46]. O homem-adam e Eva são expulsos do oeste para o leste.

E colocou: No extremo oriental do Éden, Deus faz com que os querubins (*keruvim*)[47] residam para impedir qualquer regresso. Eles tornam-se os guardiões permanentes do pomar[48]!

Chama flamejante: Uma passagem enigmática que se refere a uma espada luminosa que deslumbra qualquer pessoa que se aproxime.

Para guardar o caminho da árvore da vida: ou para impedir o acesso a ela, ou, pelo contrário, para preservá-la até ao regresso do homem (R. S. Raphaël Hirsch)[49].

(P): Quebra de linha. Ver v. 21. Fim do nosso estudo.

---

[46] É utilizado, no vocabulário rabínico, para designar o divórcio (guirush).
[47] Cf. Philippe Abrami *Les chérubins dans l'Antiquité*. Touros alados, não querubins com *uma cara bonita*. Ed. Zaphon.
[48] Nunca *paraíso*, que só aparece em Ct 4,13.
[49] Frankfurt, 1808 - 1888.

Conclusões do Capítulo III

O capítulo de todas as questões

Se o capítulo 2 define a cena e os heróis (Deus, o homem, os animais, a mulher), o capítulo 3 define a trama com a intervenção da serpente[50].

Esse capítulo decisivo foi o mais comentado. No entanto, não devemos quebrar a ligação com o capítulo anterior, mas lê-lo na sua continuidade (pelo menos desde Gênesis 2,4).

Para visualizarmos a unidade dos dois capítulos, tomemos nota das referências entre o início e o fim: menção do "oriente" em Gn 2,8 e depois em Gn 3,24; da "árvore da vida" em Gn 2,9 e em Gn 3,22; e finalmente do "trabalho" em Gn 2,8 e em Gn 3,23. Esse capítulo se abre com uma série de diálogos e termina com as decisões divinas que marcarão o início da história humana.

A serpente e a mulher

O primeiro diálogo é iniciado pela serpente, que se dirige apenas à mulher. Através de uma retórica sutil, ele revela-lhe que Deus escondeu o verdadeiro significado da proibição. Não se trata de morte, mas de nos tornarmos como Deus, conhecendo o bem e o mal. A *ishá* compreende então, antes do comer, os efeitos benéficos dessa árvore (sentido do gosto, da estética e do pensamento). Ela come e o dá ao homem que o come silenciosamente, sem qualquer oposição.

A intervenção de Deus

Após o seu consumo, descobrem-se nus e sentem-se envergonhados. Costuram folhas de figueira como tangas e escondem-se entre as árvores. Deus, que regressa ao local, interroga o homem e depois a mulher e toma nota da desobediência. Condena a serpente a rastejar sobre a terra e a alimentar-se do seu pó. Ele menciona o conflito permanente que exis-

---

[50] A unidade desses dois capítulos é marcada pela utilização do "oriente" (*kedem*) em Gn 2,8 e depois em Gn 3,24; e, de forma semelhante, pela menção da "árvore da vida" em Gn 2,9 e Gn 3,22.

tirá entre ele e os descendentes da mulher, ou seja, a humanidade. Quanto à mulher, ela irá experimentar as dores do parto e a sua fraqueza em comparação com o homem. Este último terá de trabalhar uma terra mais hostil do que a do jardim, preparando a sua comida com o suor do seu rosto, transformando o trigo em pão. Finalmente, o homem-adam chama à mulher Hava "Mãe de Vida".

A remoção do jardim

No final, Deus decide enviar o casal para fora do jardim, para o lugar onde homem-adam nasceu. O jardim é então tornado inacessível pela presença de dois querubins que guardam a sua entrada, proibindo o consumo da árvore da vida. Assim termina a história do jardim do Éden.

No entanto, questões permanecem em suspenso: Qual é o verdadeiro papel dessa serpente, uma criatura astuta feita por Deus? De que forma a adesão à nossa humanidade livre seria condenável do ponto de vista de Deus? Qual é a relação entre Adão e Eva? Ao deixar o jardim do Éden, o homem sofre um castigo ou inaugura a sua verdadeira vocação? Esse será o tema da nossa conclusão final.

CONCLUSÃO
Uma história para os humanos

Ao lê-los, os nossos três capítulos transmitem os primeiros princípios da fé hebraica (*emuná*): 1) A existência de um só Deus, Criador do céu e da terra. 2) O Shabbat de Deus estrutura a semana bíblica, ao mesmo tempo que abre a história humana. 3) O homem e a mulher são criados idealmente em complementaridade, mas na prática serão construídos através do diálogo, enfrentando (talvez propor uma outra tradução) Deus. 4) O homem é criado livre das suas escolhas e assumirá as consequências delas.

No entanto, esses capítulos poderiam ter sido reduzidos para dizer a mesma coisa. Os detalhes textuais revelam-nos mais do que esses grandes princípios fundadores. A sua análise poderia abrir novas perspectivas.

O que o texto não diz

O texto literal nos diz a sua visão do mundo e do ser humano, mesmo que, por vezes, as locuções ou situações permaneçam enigmáticas. Ao mesmo tempo, os silêncios continuam a ser eloquentes. Assim, notamos que o texto nunca usa as palavras culpa, iniquidade ou pecado (*'het*), esta última aparecendo apenas em Gn 4,7. Da mesma forma, nem o homem nem a mulher são amaldiçoados por si próprios. A nossa passagem também não menciona uma consequência espiritual (degradação da alma) ou *post-mortem* (que o hebraico nunca menciona). Finalmente, o narrador não menciona qualquer raiva divina. Deus questiona pacientemente os atores, depois declara as consequências da sua desobediência. Nem mais, nem menos.

Do bebê ao noivo

O início do capítulo 2 introduz-nos a dois "heróis": Deus e o homem-adam. Na ausência desse último, a vegetação e Deus permanecem em espera. Quando Deus decide agir, Ele molda o homem, dá-lhe o sopro da vida (nascimento), coloca-o num jardim (jardim de infância), depois num pomar (escola primária). Ali, o Adão deve trabalhar e guardar o local (escola profissional), sem que se troquem quaisquer palavras. O homem está realmente num mundo de silêncio (Deus não lhe canta canções de ninar, não lhe faz conversa). Esse silêncio é quebrado pela expressão de uma dupla *mitsvá*.

Esse adolescente ouve o que distingue o humano do animal: a gestão da sua natureza em nome da transcendência divina, em nome do amor de Deus. Mas, por enquanto, estará homem-adam pronto para isso? Deus não cria uma pessoa justa, mas um homem que escolherá ser ou não ser.

Para Deus, o duo que Ele forma com o homem não é suficiente. "Não é bom para o homem ficar só" significa "não é bom para o homem ficar só com Deus". A sua transcendência deve ser encarnada na face dos outros. É no meio do 2º que o 3º pode residir.

Deus primeiro forma animais em possíveis parceiros. O homem, dotado de conhecimentos sobre a natureza dos seres, dá-lhes os seus nomes finais, mas não encontra *ajuda como no face à face*. Caras, mas sem rostos. Nenhum diálogo para quebrar o silêncio.

Isso não exclui a ligação à animalidade, o boi para a charrua, o cão para o rebanho, o gato para a companhia ou as aves para o canto. Um dia, o homem fundará o SPA (serviço de proteção dos animais) e outras associações para a defesa dos nossos amigos animais.

Essa primeira tentativa divina traduz um fracasso ou serve para mostrar ao homem a sua originalidade? Ele pode nomear as diferentes espécies, pode memorizar os seus nomes, pode colocar palavras entre si e o animal. Dessa forma, ele descobre a função falante, que é diferente da comunicação animal. Através dessa experiência zoológica, chegará o homem-adam à conclusão de que o denominador comum de todos os animais é consumir tudo, enquanto "um homem é impedido de o fazer", como disse Camus?

E Deus criou a mulher

O homem também conclui que *não é bom ficar sozinho* - nem com Deus, nem com os animais - por isso, Deus cria a mulher (para casar com o seu jovem homem). A relação "eu-tu" é vislumbrada.

No primeiro capítulo, este "eu-tu" foi anunciado pelo masculino e pelo feminino, criado simultaneamente. Aqui, uma operação cirúrgica "constrói" a *ishá*, que é depois trazida perante o homem-adam.

Note-se que a mulher nasce do *adam*, não da *adamá,* e, no meio do jardim, não do exterior. Há um *plus* realizado nela, uma superioridade mesmo. "Uma coroa na cabeça do seu marido" (Pr 12,4). Na coerência da história, a mulher, mais realizada, deve descer até ao homem para o ajudar a não comer a fruta. Para tal, devem aprender, em conjunto, a gerir o seu desejo. Mas para o homem-adam, essa estranha íntima é mais como um espelho.

Sabemos que a fase do espelho[1] permite à criança conhecer o seu corpo, tomar consciência de si própria, mas biblicamente falando, é apenas um primeiro passo. Deus espera que essa autoconsciência se abra ao amor pelos outros, segundo o versículo (Lv 19,18): "Amarás o teu próximo como a ti mesmo, eu sou YHWH.[2]"

Deus quer certamente o equilíbrio psicológico do sujeito livre[3], mas toda autoconsciência é idealmente combinada com a garantia de partilhar um universo comum com outros. A Torá diria o contrário: "Para seres tu próprio, vive a relação!"

Através da irrupção da *ishá*, nasce o *ish*, a complementaridade dos nomes que sublinha a complementaridade dos seres. Ao mesmo tempo,

---
[1] Henri Wallon, *Les origines du caractère chez l'enfant*. PUF. (1931).
[2] O hebraico diz *para* o seu vizinho (*le-reaká*), implicando compromisso; não esquecendo a menção do tetragrama no final. A ética monoteísta implica a harmonia do 3. Sempre a imagem do Δ!
[3] "Os tolos estão isentos de mitsvot" (Talmud).

Deus afirma o projeto de separar o homem da sua anterioridade: "Por isso, que *ish* – o homem deixa o seu pai e a sua mãe e junto de sua *ishá* – mulher, e eles tornam-se uma só carne".

Nessa meta-história, quem são o pai e a mãe de adam-homem? O *pshat* parece claro: Deus e a terra! Por mais que o homem deva deixar uma religiosidade solitária, ele também deve romper com a natureza matricial.

Se o discurso religioso nos habituou a distanciar-nos da natureza, o impulso, mesmo a carne, essa ideia de distância do divino pode vir como uma surpresa, especialmente vindo da Bíblia! E, no entanto, essa concepção percorre todo a Tanakh. Encontrar seu lugar certo entre o céu e a terra - a escada de Jacó - é um ideal bíblico; pois só a verdadeira relação com os outros permite a habitação da Presença Divina (*Shekhiná*) no meio.

Assim, esse capítulo 3 não é tanto a história de uma queda espiritual, porém mais uma meditação sobre a relação entre o homem e a mulher, da qual depende a história. Na segunda geração, a questão da relação do homem com o seu irmão será levantada.

A árvore do conhecimento

Como sempre na Torá, a ação de Deus é seguida pelo Seu eclipse. O ser humano é deixado à sua própria sorte. O *suspense* será jogado em torno da árvore do conhecimento do bem e do mal.

Muitos perguntam: Por que é que Deus coloca uma tal árvore no jardim? Evitemos imediatamente a ideia de uma divindade sádica e de um demiurgo que, no início da História, teria decretado uma proibição a fim de punir melhor a sua criatura incapaz de disciplina.

Digamos, antes de mais nada, que sem essa árvore, não teria havido História. A humanidade seria composta por crianças inocentes cantando e dançando *a melodia da felicidade*.

A árvore está lá porque responde a uma necessidade existencial: a criança deve crescer, assumir a responsabilidade, em fidelidade ao projeto divino. Este é um problema pedagógico que os pais, educadores e até mesmo Deus experimentam!

O mundo que Deus queria não podia passar sem essa árvore. A história também revela constantemente essa ambivalência: manter a criança na sua infância e permitir-lhe crescer no seu corpo, mas acima de tudo na sua mente. Mas será que se pode impedir uma criança de crescer? O próprio Deus não pode! Um dia, desobedece aos seus pais, torna-se adulto, e nunca mais voltará atrás[4].

Certamente, Deus espera, sem ser capaz de impor, que a boa relação entre *ish* e *ishá* lhes permita assumir uma autonomia responsável. Mas a esperança de Deus nem sempre se realiza imediatamente, porque a história é jogada entre três vontades. Agora, é o momento em que o homem e a mulher formam um casal, em que o desprendimento da anterioridade poderia ser realizado, em que a gestão do desejo daria a força para crescer em sabedoria, que a Serpente Encantadora aparece em cena.

Uma serpente e uma mulher

Quem é a serpente? Nascida da terra e formada por mãos divinas, mas sem receber o *tselem Elohim*, ela simboliza o tentador que impele o homem a consumir tudo, imediatamente e sem limites. Essa autossatisfação define o bem e o mal de acordo com o único critério de gozo. "Tu és como eu, nascida da terra, diria ele ao homem, vive a tua dimensão cintilante, sem referência ao céu. Nasce uma criança, superprotegida pela sua mãe, continua a ser uma criança, nunca abandona o peito da sua mãe, nunca cresce e come tudo!"[5] A síndrome de Peter Pan.

O nosso animal sabe que o Criador respeita o Shabbat, autolimitando a sua omnipotência? Segundo os rabinos: "Onde encontrardes a grandeza do Santo, bendito seja Ele, aí encontrais a Sua humildade". Mas a animalidade não pode ser humilde, não pode descer para além de si mesma.

Hoje, essa cobra pode estar escondida atrás dos anúncios sedutores que encorajam as pessoas a ir até ao fim de si mesmas, até ao fim do seu narcisismo.

---

[4] O único retorno possível é expresso na *teshuvá* que é o arrependimento, o renascimento, a ressurreição após a morte longe de Deus.
[5] O desejo se assemelha a um animal agachado, pronto para dar o bote, Deus ensinará isso a Caim antes de seu crime em Gn 4,7.

De fato, a serpente revela uma dimensão humana intrínseca que recusa a ética[6], para satisfazer apenas o ego[7]; fazendo da outra um espelho ou um objeto de dominação, e não um sujeito de relação[8]. A lei divina visava limitar o consumo do todo (relação com Deus), vivendo a partilha com os outros (relação com a mulher), no equilíbrio do 3. Mas a serpente, sendo de natureza instintiva, sendo de autossatisfação, remanescente do *tohu-bohu* original, emerge para isolar cada sujeito sobre si mesmo: "É melhor ser uma divindade absoluta e avassaladora do que ser um parceiro relativo e frágil".

A provação de Abraão já está aqui delineada: devorar[9] o outro para seu próprio prazer, ou aceitar o sacrifício da serpente (o carneiro) a fim de experimentar a alteridade?

A proeza publicitária funciona. Em vez de encontrar o equilíbrio entre pai (Deus) e mãe (a terra), a mulher e o homem escolhem a serpente de Deus contra a Lei de Deus. Eles escolhem a doçura da mãe contra a lei do pai. Pensavam que permaneceriam crianças *no colo da mãe*, mas essa transgressão vai fazê-los crescer, tornando-os responsáveis pela sua felicidade ou pela sua desgraça.

Essa revolta juvenil, esse *complexo de lagosta* (F. Dolto), revela o estado de consciência das personagens. Nesse jardim, as crianças, que não sabiam distinguir entre o bem e o mal (Dt 1,39; Is 7,14-15), adquiriram uma nova consciência. Esse despertar de consciência (a sua nudez, o seu desejo) traduz o salto universal da animalidade para a humanidade, da infância para a idade adulta. Não há volta a dar[10]. Eles conhecem a vergonha, e, portanto, uma relação com uma transcendência, com um olhar de outro lugar. Tornaram-se adultos e estão prontos para ouvir palavras de adultos.

A história poderia terminar aí, Deus interviria e afugentaria o casal. Mas o cenário (da vida) continua a ser mais matizado. Pois em vez de reprimir, Deus questiona. Ele não sabia o que tinha acontecido?

---

[6] Esse desejo egóico é chamado de *impureza da serpente* na literatura rabínica.
[7] Como depois Caim.
[8] Isso é verdade no interpessoal e no internacional.
[9] A faca de Abraão é chamada de devoradora (Gn 22,6).
[10] Apenas patologias neurológicas causam regressões da consciência.

Um Deus que questiona

Coloquemos a questão de forma diferente: em nível narrativo, onde está o ponto de alteração? A resposta tradicional coloca essa inversão na ingestão da fruta proibida. "Seus olhos estavam abertos, e *sabiam* que estavam nus" (v. 7). "Eles sabiam", não "eles viram". Uma nuance sutil, ao ponto de *saberem* coser. No v. 6 a mulher viu as virtudes da árvore, mas sem as *conhecer*. Talvez ela tivesse um conhecimento teórico sobre elas? Ela ainda não sabe, mas o desejo de saber já a habita.

O desejo egoísta de transformar o *ver* em *saber* leva à transgressão. A serpente ganhou. No entanto, Deus não reprime imediatamente. Por que não? Porque a mudança não se realiza através do consumo, mas sim através do questionamento.

De acordo com a nossa comparação, o jardim do Éden representa uma escola para aprender sobre a vida, sobre o desejo de viver. Antes de serem enviados à sua missão de gerar e trabalhar, homens e mulheres devem aprender a viver com Deus, uns com os outros e com a animalidade do mundo. Estaria então excluído, de acordo com o plano divino, que o casal sucumbisse à serpente, ou seja, a essa astúcia natural, procedente da terra, que empurra para satisfazer o seu impulso?

A falha, o fracasso ou o ato que falhou permanecem sempre constitutivos do ser humano, moldado por Deus. O texto deixa isso claro. Dessa forma, o homem difere dos anjos e dos animais que vivem apenas de acordo com o seu programa espiritual ou genético.

Se a transgressão permanece intrínseca ao ser humano, se a amnésia do Céu pode surgir em qualquer espírito[11], já não é apenas a culpa, mas o seu exame posterior que também abre a relação com Deus.

Como mencionado acima, Deus não se irrita nem decide punir as Suas criaturas suprimindo-as e recomeçando o Seu trabalho - uma atitude que encontramos antes do dilúvio ou depois da falha do bezerro de ouro. Pelo contrário, aqui Ele consulta fazendo ao homem três perguntas: "Onde estás?... Quem te disse que estás nu?... Já comeu alguma fruta?" E à mulher: "O que é que fizeste?"

---

[11] "O homem só peca porque um vento de loucura entra nele" (TB *Sota* 3a). Um midrash assim postula: "o arrependimento foi criado antes do mundo" (TB Pessahim 54a).

Claro que essas perguntas não são feitas do ponto de vista de Deus, mas do ponto de vista do homem e da mulher. "Onde estás?" significa "onde estás?" "O que fizeste?" significa "qual foi o teu grau de consciência no ato?", etc.

Se assim se pode dizer, Deus precisa ver isso claramente, porque o tríptico relacional "Deus - Homem – Mulher" se decompôs. A relação com o transcendente (a Lei) deveria ser o fator estruturante na relação com os outros. No entanto, quando analisado, cada ator vive apenas para si próprio: a serpente quer identificar a mulher com a sua própria animalidade, Adão vê na mulher o espelho de si próprio, e a mulher percebe os graus de prazer do mundo apenas na sua visão. Falta o movimento da vida, a consciência da vida, a relação com os outros.

Assim, pela acusação do homem-adam contra *ishá*, Deus percebe que a relação horizontal não existe, nunca existiu. Deus volta-se para a mulher, não para saber se ela comeu (porque ela não é diretamente afetada pela proibição), mas para medir a sua relação com o *ish*. Como a mulher afirma que a serpente a seduziu (em vez de ser seduzida pelo seu homem[12]), Deus vê que a mulher construída não construiu a sua casa[13].

Em nossa opinião, o ponto de inflexão está aí, e permite-nos oferecer uma leitura global dos nossos três capítulos.

Comecemos novamente a partir do capítulo 1. O Criador impõe as Suas leis, os determinismos, aos espaços, plantas, animais, e mesmo aos seres humanos. Mas como o Deus da aliança, Ele associa o homem e a mulher para continuar essa ordenação em nível moral e espiritual. Mas assim que o ser humano aparece, isto é, essa criatura livre de aceitar ou não a lei moral (autolimitação, amor ao próximo, etc.), Deus já não pode impor, mas apenas propor[14]. Deus assume assim a sua quota-parte de responsabilidade no *tikun olam*, o desenho do Seu mundo.

---

[12] A serpente tomou o lugar do homem; na 2ª geração, é Deus quem ocupará o lugar de Adão. Veja *Fraternidade*, nº 17 da Coleção Judaísmo e Cristianismo.
[13] Pr 14,11.
[14] "Tudo está nas mãos do céu, exceto o medo do céu". (TB *Berakhot* 33b). Em nível natural, tudo é determinado; em nível moral, a liberdade permanece completa.

O teste do crescimento

A criança vive num presente permanente, retraída, sem preocupação de sustento, lavagem e engomagem, até o seu quarto pode ser uma anarquia feliz. Vive sem consciência da sua mortalidade. Quanto ao bem e ao mal, eles permanecem ligados aos seus prazeres e desprazeres[15]. Claro que, sem comer a fruta, o homem e a mulher teriam permanecido ingenuamente fora da história. Mas será que a mulher teria realmente dado à luz sem dores, após 9 meses de uma gravidez suave? Teria o homem permanecido um jardineiro-coletor feliz? Teriam eles apenas deixado o jardim (o casulo da família)?

Não foi devido a uma recusa de enfrentar a realidade, preferindo ser cuidada por Deus, que a geração do deserto permaneceu nele durante 40 anos?

E se as decisões celestiais fossem menos punições do que revelações do que significa viver na *adamá*. Não uma leitura punitiva, então, mas uma leitura responsável.

Certamente Deus anunciou ao homem que comer o fruto proibido levaria à sua morte, mas o que poderia significar a morte nesse momento? É como um pai dizer a uma criança: "Não ponha a mão perto do fogo, vai-se queimar". Isso permanecerá teórico até à primeira queimadura, e depois será construído o circuito neurológico.

Mas o que fazem os pais quando os filhos realmente cresceram, ou seja, quando podem conceber um mundo para além deles próprios? Falam com eles sobre o seu futuro. "Minha filha, enquanto viveste em casa, tudo era rosa, Walt Disney e *Ursinhos*, mas o mundo lá fora será de todas as cores, do escuro ao claro." Este é o discurso divino a esses dois adultos, prontos a voar para fora do ninho, pais da nossa humanidade.

Primeiro de tudo, *amaldiçoando* a serpente, Deus *abençoa* o homem e a mulher, oferecendo-lhes um excesso de controle sobre a matéria, sobre a animalidade. Certamente, a carne é fraca, mas cada homem, como homem, recebe esse excesso de ser, essa força para esmagar o animal

---
[15] O senso de justiça nasce na criança quando seu gozo é infligido. A educação consiste em abrir essa consciência aos outros.

dentro dele[16]. Em outras palavras, Deus oferece a cada ser humano a graça de se tornar autenticamente justo.

Quanto à gravidez e ao parto da mulher, não se tornam mais dolorosos após a desobediência do que antes; da mesma forma, o trabalho da terra não causa mais suor depois do que antes, mas o corpo - feminino e masculino - no seu peso físico, no seu funcionamento, torna-se totalmente envolvido no processo de vida. Deus não suportará a dor de um mundo a ser gerado sozinho; o casal participará com Ele, por vezes aliviando a tarefa divina, por vezes pesando-a. Alguns midrashim dizem que quando os justos fazem a obra de Deus, então Ele declara: "Não tenho mais nada a fazer senão abençoar o Meu mundo".

As dores maternais, a assimetria do homem-mulher, o trabalho árduo do agricultor também carregam a esperança de uma saída para a crise, pois podem carregar a sensação de alteridade que faltava no primeiro casal. A dor das dificuldades pode ser um penhor de elevação. Mais tarde, Abraão e Sara irão experimentar isso.

Se o projeto *ish* - *ishá* se tornar o projeto humano, se a autêntica relação "sujeito a sujeito" se tornar o ideal de todo o compromisso, então as dores, as dominações e os trabalhos podem desaparecer. Pois "As águas do amor são mais fortes que a morte" (Ct 8,6), expulsarão a dor, a dominação e a labuta. Claro que a tecnologia ajudará, mas não a dominar seres e coisas, mas a tecer a utopia da irmandade. O tríptico Deus - Homem - Mulher tornar-se-á o pilar de uma libertação coletiva. O rabino Nahman de Braslaw costumava dizer: "Se acreditas que podemos destruir, acredita também que podemos restaurar!"

Bom dia, tristeza!

Acrescentaremos uma leitura de acordo com esse mestre hassídico que observa[17] que a raiz E.Ts.V.[18] não significa "dor", mas "tristeza". Se a relação homem-mulher se assemelhar à de Adão e Eva, sem diálogo,

---

[16] "Cada dia a má inclinação cresce mais forte, mas se não fosse pela ajuda do Santo, bendito seja Ele, o homem não poderia vencê-la" (TB *Kidushin* 30b).
[17] *Likoutey Moharan* cap. 25.
[18] Gn 3,16.17.

sem afeto, sem fraternidade[19], mas em retirada individual, então sim, a gravidez e o parto serão vividos em ansiedade e dor[20]. E é um fato comprovado que a esposa que é aliviada pelo apoio durante o parto necessita de menos medicação para as dores. Embora o parto humano pareça ser o mais doloroso do reino animal, os humanos são os únicos mamíferos que o podem tornar menos *triste*.

Do mesmo modo, a tristeza poderia ser o destino do trabalhador num mundo anônimo e selvagem, mas inversamente, a alegria e a confiança em Deus poderiam fazer do trabalho uma fonte de bênção, ou seja, Deus faz o trigo crescer, e o homem transforma-o em pão. Para não mencionar que a *adamá* se tornará mais do que um espaço nutritivo: o lugar onde "eles farão um santuário para Mim e eu habitarei entre eles" (Ex 25,8). Ao vestir homens e mulheres com dignidade, Deus faz deles os sacerdotes da Sua terra.

As condições da nossa leitura

Alguns pensarão que a nossa leitura não é *kasher,* porque lhe falta *crime e castigo*! Portanto, perguntemo-nos em que condições a nossa leitura se mantém coerente com o texto.

Antes de mais, por que isolar o homem num lugar edênico? Se o exterior é tão bom como o interior, *quid* de fronteiras? Se o homem deve encher a terra e dominar todas as espécies e espaços, por que esse confinamento? Por que começar a trabalhar em vaso fechado? Por que esse lento processo de estabelecer a alteridade? Não será para preparar uma saída horizontal em direção à *adamá*, este lugar do campo e dos seus animais, o lugar de todas as serpentes?

Claro que, acima de tudo, temos de aceitar que o mundo querido por Deus é um mundo de bem e mal misturados.

O mundo em que vivemos já lá estava, do outro lado do Éden; como se a árvore proibida representasse uma amostra dela. Temos de aceitar que depois de comer a fruta proibida, o mundo não mudou magicamen-

---

[19] No sentido de "coser" a ligação. Cf. a nossa obra *Fraternidade*, nº 17 da Coleção Judaísmo e Cristianismo.
[20] A 7ª bênção do casamento deseja ao casal: "amor, fraternidade, paz e amizade".

te, mas que apenas a consciência foi metamorfoseada ao tornar-se mais aberta, "tornando-se como Deus".

O homem como Deus

"O homem que se tornou como Deus", foi anunciado pela serpente (Gn 3,5) e confirmado por Deus (Gn 3,22). Qual é o entendimento de acordo com a nossa chave de leitura?

Deus criou um mundo onde o bem e o mal são possíveis[21], mas Ele ensina-nos a escolher sempre o bem e a vida. Agora, o homem, à imagem do seu criador, pode criar uma história onde o bem e o mal são possíveis, mas também permanecer surdo aos chamados de Deus e escolher o mal, a morte, a destruição do outro e até a autodestruição. Consequentemente, ele será proibido de entrar na árvore da vida (a árvore de origem), mas não exatamente...

Pois a sabedoria de Deus (a Torá) tornar-se-á a sua árvore da vida no futuro, segundo as palavras do homem sábio (Pr 3,18): "É uma árvore de vida para aqueles que a fortalecem, e aqueles que a sustentam serão bem-aventurados".

O homem já não regressará ao Éden, mas caminhará em direção a ele. Deixará de ser oferecida apenas por Deus, mas será construída em aliança com o Homem, macho e fêmea.

Envio e reenvio

Um ciclo de vida termina assim. Adão e Eva deixam o jardim, a sua escola, por uma *adamá* desconhecida. Em análise, descobrimos duas motivações divinas. No v. 23: "E enviou-o YHWH Elohim do jardim do Éden para cultivar a terra, de onde havia sido tomado" e no v. 24: "*E expulsou <> o homem-adam; e colocou, ao oriente do jardim de Éden os querubins <> com a lâmina flamejante da espada <> que se volvia para guardar o caminho da árvore da vida.*"

Tanto quanto o verbo SH.L.H. "enviar" possui um valor positivo, que anuncia uma missão, uma vocação, um apostolado[22], tanto o verbo

---

[21] Is 45,7.
[22] Os Atos dos Apóstolos foram traduzidos por *Maase Shili'him*.

G.R.SH. expressa a ruptura com uma situação anterior. Essa conclusão exprime a ambivalência de todo o relato. Ao mesmo tempo, o homem é *enviado* para a sua missão, a sua vocação para trabalhar a terra, mas também é reenviado porque não foi capaz de manter a ordem divina.

Recordemos que o homem devia "trabalhar e manter" a terra. A partir de agora o homem *trabalhará* a *adamá* exterior - o seu lugar de origem - e os querubins *guardarão* o jardim. O homem veio da terra, volta a ela para trabalhá-la, e, no fim dos seus dias, para ser enterrado nela. Quanto à mulher, vinda do homem, ela terá o filho do homem.

O Eclesiastes realça a vaidade da existência, mas não esquece três valores que dão sentido à vida: família, trabalho e amigos. A liberdade tem um preço! Não conduz inevitavelmente a uma consciência mórbida, mas pode ajudar a construir uma vida simples e feliz onde o desejo de ser é combinado com o amor pelos outros, sob o olhar benevolente de Deus.

Essa é a nossa leitura que brota das palavras, da coerência do texto e do significado literal, do *pshat*. Será ela aceita ou rejeitada, sendo cada consciência livre de aderir ou não a ela, de acordo com a sua fé, a sua tradição ou o seu caminho espiritual.

Como dissemos na introdução, escrevemos este livro também para Deus, para deitar abaixo a máscara da raiva que, tantas vezes, é colocada sobre Ele, e para revelar o Seu amor e a Sua fragilidade. O seu amor porque Ele nos dá tudo, e a sua fragilidade porque podemos recusar o seu amor.

ברוך שם כבוד מלכותו לעולם ועד
Barukh shem kevod malkhuto leolam vaed.
"Bendito seja o nome da glória do Seu reino para sempre".

Bibliografia

OTTO, Eckart. A Lei de Moisés. São Paulo: Loyola, 2011
REMAUD, Michel. Evangelho e tradição rabínica. São Paulo: Loyola, 2007
SKA, Jean-Louis. O canteiro do Pentateuco. Problemas de composição e de interpretação. Aspectos literários e teológicos. São Paulo: Paulinas, 2016

Principais obras do autor

Epreuves d'espérance. Acte Sud. 2000
Israël, j'ai fait un rêve. L'Atelier. 2003
Méiri, rabbin catalan de la tolérance. Mare Nostrum. 2007
Paroles de rabbins. Le Seuil. 2010
Pour expliquer le judaïsme à mês amis. In Press. 2013
La Torah. Eyrolles. 2014
Citations talmudiques expliquées. Eyrolles. 2017
Disciples de Jésus: Une lecture juive du Sermon sur la montagne, 2017.
L´aigle de Dieu (roman). Jean-Cyrille Godefroy. 2018

HADDAD, Philippe – na Coleção Judaísmo e Cristianismo:
Jesus fala com Israel: Uma leitura judaica de parábolas de Jesus.
Pai Nosso - Avinu Shebachamayim. Uma leitura judaica da oração de Jesus.
Uma leitura judaica do Sermão da Montanha.
Fraternidade ou a revolução do perdão.
Como Jesus lia a Torá: sair do mal-entendido entre Jesus e os Fariseus

Publicação

Acesse a loja virtual para adquirir os livros:
https://loja.sion.org.br | www.livrarialoyola.com.br

GROSS, Fernando. *O ciclo de leituras da Torah na Sinagoga.* Prefácio de Elio Passeto. Coleção Judaísmo e Cristianismo, nº 1, segunda edição. São Paulo: Centro Cristão de Estudos Judaicos-CCDEJ-FASI e *Fons Sapientiae*, 2015.

RIBEIRO, Donizete Luiz. *Convidados ao banquete nupcial: Uma leitura de parábolas nos Evangelhos e na Tradição Judaica.* Prefácio do Rabino Uri Lam, CIM. Coleção Judaísmo e Cristianismo, nº 2. São Paulo: Centro Cristão de Estudos Judaicos-CCDEJ-FASI e *Fons Sapientiae*, 2015.

HADDAD, Philippe. *Jesus fala com Israel: Uma leitura judaica de Parábolas de Jesus.* Prefácio do Rabino Ruben Sternschein, C.I.P. Coleção Judaísmo e Cristianismo, nº 3. São Paulo: Centro Cristão de Estudos Judaicos-CCDEJ-FASI e *Fons Sapientiae*, 2015.

RIBEIRO, Donizete Luiz; RAMOS, Marivan Soares (orgs.). 2ª edição, *Jubileu de ouro do diálogo católico-judaico: primeiros frutos e novos desafios.* Prefácio do Cônego José Bizon e do Rabino Michel Schlesinger, Coleção Judaísmo e Cristianismo, nº 4. São Paulo: Centro Cristão de Estudos Judaicos-CCDEJ-FASI e *Fons Sapientiae*, 2019.

HADDAD, Philippe. אבינו – *Pai Nosso. Uma leitura judaica da oração de Jesus.* Prefácio do Padre Fernando Gross. Coleção Judaísmo e Cristianismo, nº 5. São Paulo: Centro Cristão de Estudos Judaicos-CCDEJ-FASI e *Fons Sapientiae*, 2017.

MIRANDA, Manoel. *As relações entre judeus e cristãos a partir do evangelho segundo São João*. Prefácio do Pe. Donizete Luiz Ribeiro. Coleção Judaísmo e Cristianismo, nº 6. São Paulo: Centro Cristão de Estudos Judaicos-CCDEJ-FASI e *Fons Sapientiae*, 2018.

AVRIL, Anne e LENHARDT, Pierre. *Introdução à Leitura Judaica da Escritura*. Coleção Judaísmo e Cristianismo, nº 7. Prefácio do Dr. Pe. Boris A. Nef Ulloa. São Paulo: Centro Cristão de Estudos Judaicos-CCDEJ-FASI e *Fons Sapientiae*, 2018.

LENHARDT, Pierre. *A Unidade da Trindade: À escuta da tradição de Israel na Igreja*. Coleção Judaísmo e Cristianismo, nº 8. Prefácio da Drª Maria Freire. São Paulo: Centro Cristão de Estudos Judaicos-CCDEJ-FASI e *Fons Sapientiae*, 2018.

RAMOS, Marivan Soares. *Por trás das Escrituras: Uma introdução à exegese judaica e cristã*. Prefácio do Pe. Manoel Miranda. Coleção Judaísmo e Cristianismo, nº 9. São Paulo: Centro Cristão de Estudos Judaicos-CCDEJ-FASI e *Fons Sapientiae*, 2019.

DE LA MAISONNEUVE, Dominique de La. *Judaísmo Simplesmente*. Coleção Judaísmo e Cristianismo, nº 10. São Paulo: Centro Cristão de Estudos Judaicos-CCDEJ-FASI e *Fons Sapientiae*, 2019.

PASSETO, Elio. *As Sagradas Escrituras explicadas através da genialidade de Rashi*. Coleção Judaísmo e Cristianismo, nº 11. São Paulo: Centro Cristão de Estudos Judaicos-CCDEJ-FASI e *Fons Sapientiae*, 2020.

LENHARDT, Pierre. *À escuta de Israel, na Igreja - Tomo I*. Coleção Judaísmo e Cristianismo, nº 12. Prefácios de Donizete Luiz Ribeiro e Dom Maurice Gardès. São Paulo: Centro Cristão de Estudos Judaicos-CCDEJ-FASI e *Fons Sapientiae*, 2020.

FRIZZO, Antonio Carlos. *A Trilogia social: o estrangeiro, o órfão e a viúva no Deuteronômio e sua recepção na Mishná*. Prefácio de João Décio. Coleção Judaísmo e Cristianismo, nº 13. São Paulo: Centro Cristão de Estudos Judaicos-CCDEJ-FASI e *Fons Sapientiae*, 2020.

LENHARDT, Pierre. *À escuta de Israel, na Igreja - Tomo II*. Prefácios dos Pes. Donizete Luiz Ribeiro e Dom Maurice Gardès Coleção Judaísmo e Cristianismo, nº 14. São Paulo: Centro Cristão de Estudos Judaicos-CCDEJ-FASI e *Fons Sapientiae*, 2020.

LENHARDT, Pierre. *Uma vida cristã à escuta de Israel*. Prefácios dos Pes. Donizete Luiz Ribeiro e Jean Massonnet. Coleção Judaísmo e Cristianismo, nº 15. São Paulo: Centro Cristão de Estudos Judaicos-CCDEJ-FASI e *Fons Sapientiae*, 2020.

Miranda, Manoel e RAMOS, Marivan Soares. *O ciclo das festas bíblicas na Escritura e na Tradição judaico-cristãs*. Prefácio da Irmã Anne-Catherine Avril, NDS. Coleção Judaísmo e Cristianismo, nº 16. São Paulo: Centro Cristão de Estudos Judaicos-CCDEJ-FASI e *Fons Sapientiae*, 2020.

HADDAD, Philippe. *Fraternidade ou a Revolução do Perdão: Histórias de fraternidade. Do Gênesis aos ensinamentos de Jesus*. Coleção Judaísmo e Cristianismo, nº 17. São Paulo: Centro Cristão de Estudos Judaicos-CCDEJ-FASI e *Fons Sapientiae*, 2021.

BLOCH, Renée. *Escritura e Tradição: Ensaios sobre o Midrash*. Coleção Judaismo e Cristianismo nº 18. São Paulo: Centro Cristão de Estudos Judaicos-CCDEJ-FASI e Fons Sapientiae, 2022.

RAMOS, Marivan Soares e MATOS, Marcio. *Jesus, o mestre entre os Sábios*. Coleção Judaismo e Cristianismo nº 19. São Paulo: Centro Cristão de Estudos Judaicos-CCDEJ-FASI e *Fons Sapientiae*, 2022.

HADDAD, Philippe. *Como Jesus lia a Torá: sair do mal-entendido entre Jesus e os fariseus*. Coleção Judaismo e Cristianismo nº 20. São Paulo: Centro Cristão de Estudos Judaicos-CCDEJ-FASI e *Fons Sapientiae*, 2022.

HADDAD, Philippe. *Deus, um homem, uma mulher e uma serpente*. Coleção Judaismo e Cristianismo nº 21. São Paulo: Centro Cristão de Estudos Judaicos-CCDEJ-FASI e *Fons Sapientiae*, 2023.

Este livro foi impresso em papel offset 75g, capa triplex 250g.
Edições Fons Sapientiae
é um selo da Distribuidora Loyola de Livros

Rua Lopes Coutinho, 74 - Belenzinho 03054-010 São Paulo - SP
T 55 11 3322 0100 | editorial@FonsSapientiae.com.br
www.FonsSapientiae.com.br

Cadernos de Sion
v. 1 n. 1 (2020)

Cadernos de Sion nasce com o objetivo de divulgar pesquisas sobre Teologia, História e Cultura judaica em consonância com os textos bíblicos e o Cristianismo, testemunhando na Igreja e no mundo a presença de Deus e seu amor à humanidade.

Nesse número, o primeiro de 2020, damos especial destaque a textos, que se enquadram nas linhas de pesquisa em desenvolvimento no CCDEJ, em especial, aqueles resultantes de pesquisas realizadas em diferentes cursos ministrados no CCDEJ. Nesse sentido, queremos mostrar parte de temas relevantes que mobilizam a Teologia, a História, a Cultura judaico-cristã e as possibilidades de leitura e releitura de textos bíblicos.

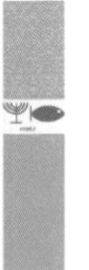

CCDEJ

Bíblia e Ecologia
v. 4 n. 1 (2023)
Trata-se de um dossiê singular, na medida em que traz à reflexão a relação entre Bíblia e Ecologia. Atualmente, tem havido uma preocupação com a preservação ambiente, por meio da valorização da questão ecológica em diferentes campos do conhecimento, particularmente, no interior dos estudos teológicos. Embora vários textos bíblicos tenham suscitado uma reflexão ecológica, tais reflexões ainda são um desafio para a Teologia contemporânea.

Imagens de Jesus nos manuais de catequese e de ensino religioso
v. 4 n. 2 (2023)
A Revista Cadernos de Sion, no seu 4º volume, contém artigos que tratam das questões relacionadas à constituição do Ensino Religioso, considerando diferentes abordagens pedagógicas e a legislação contemporâneas. Com base em enfoques pedagógicos e legais vigentes no Brasil, os artigos devem visitar e revisitar questões de diversidade religiosa, didático-pedagógicas, normativas e teológicas, com o intuito de verificar em que medida o Ensino Religioso difere da Catequese, integra a formação integral das crianças, adolescentes e adultos e constrói redes de interlocução entre todos os que se interessam pela formação teológica e religiosa.

Acesse ccdej.org.br: Revista Cadernos de Sion

https://ccdej.org.br/cadernosdesion/index.php/CSION/issue/archive